뉴로심볼릭 AI

판단력 양극화의 시대,

의사결정자들을 위해

뉴로심볼릭 AI

인공지능과 인간지능의 황금 균형

강양석 우지환 조호연 지음

이콘

강양석
📧 stephen.kang@deepskill.io

뉴로심볼릭 기반의 전략적 의사결정 AI를 연구하는 딥스킬의 대표이사. 데이터 의존성이 높은 머신러닝만으로는 고위 의사결정자 레벨에서 이뤄지는 깊고 복잡한 대화 구현이 어렵다는 것을 일찍 깨달았다. 국내에는 다소 생소한 뉴로심볼릭 접근법 기반 논증기술Argumentation Technology을 연구하다보니 영국, 미국, 호주 소재 전문가들과 함께 하고 있다. 글로벌 전략 컨설팅 회사에서 근무했으며, 글로벌 1억 명 이상이 사용하는 서비스 기업의 최고전략책임자CSO와 국내 대표 AI 서비스 상장사의 최고운영책임자COO를 역임했다. 고려대학교 경제학과를 졸업했으며, 저서로는 『데이터로 말하라』(2015), 『데이터 리터러시』(2021)가 있다. 두 책 모두 데이터로 생각하는 힘을 강조했다. 균형잡힌 AI 인식을 위해 기업체 고위 임원 대상 멘토링 및 강의 역시 활발히 진행하고 있다.

우지환
📧 jihwan.woo@kakao.com

AI를 20년째 연구하고 있는 연구자다. KAIST 전기및전자공학부에서 Computer Vision을 전공해 학사·석사 학위를 받았고, KAIST 경영대학원에서 MBA, 고려대학교 기술경영전문대학원에서 공학박사 학위를 받았다. AI를 활용한 다양한 산업에서의 디지털 트랜스포메이션을 연구 중이다. 삼성전자와 신한은행, 카카오뱅크에서 제조업과 금융 산업에 필요한 AI를 연구했고, 고려대학교와 KAIST 경영대학원에서 겸임교수를 지냈다. 또한 카네기멜런대학교 로봇연구소에 방문 연구원으로 있었다. 디지털소사이어티 정회원, 민간 R&D협의체 AI 분과 전문위원으로 활동하고 있다. 주요 저서로 『데이터 과학자의 일』(2021)이 있으며, 한국, 미국, 유럽, 일본, 중국 등에 45개의 등록된 특허를 보유하고 있다. 15편 이상의 논문을 KCI 등재 학술지와 SCIE급 해외 학술지에 게재했다.

조호연   ☞ owen.cho@deepskill.io

딥스킬 연구소장으로서 콘텐츠 기획부터 AI 제품 개발까지 소위 말하는 문·이과를 넘나드는 활동을 하고 있다. 글로벌 가전 대기업에서 전략기획과 제품관리 경험을 거쳐, 헬스케어 분야에서 데이터 과학자로 전문성을 확립했다. 이후 IT, 금융, 가전, 헬스케어 등 다양한 산업을 넘나들며 데이터 기반 문제 해결 프로젝트를 주도해 왔다. 기술 자체보다, 현실 문제에 기술을 접목하는 감각이 더 중요하다는 실무 경험을 통해, AI 제품을 개발하기에 이르렀다. 최근에는 생성 AI 발전이 인간의 사고 훈련 방식과 어떻게 맞물려야 하는지를 집중적으로 궁리하고 있다. 서울대학교 경영학과를 졸업하고, 영국 캠브리지대학교 MBA, 호주 UNSW 데이터 사이언스 석사 과정을 수료했다.

| 서문 | 우리는 AI를 반만 알고 있다. | 9 |

1부 AI를 이해하는 두 개의 렌즈: 규칙과 데이터

1장	똑똑해질수록 횡설수설해대는 AI	16
2장	왜 규칙과 데이터를 모두 알아야 하는가?	22
3장	뉴로심볼릭 직관적으로 이해하기: What time is (　)?	26
4장	인공지능의 역사: 잃어버린 반쪽을 찾아서	30
5장	사람처럼 생각하는 AI	35
6장	복잡한 것을 단순하게, 단순화된 것을 심도 있게	40
7장	'단순화-심층화' 루프와 지식의 역사	48
8장	자동 규칙 업데이트: 뉴로심볼릭 AI 장점의 최정점	58
9장	심볼릭 사고의 매력: 현상의 기호적 이해	64
10장	심볼릭 사고의 매력: 언어의 기호적 이해	73
11장	뉴로심볼릭 AI 실전 활용 사례	81

2부   의사결정AI와 뉴로심볼릭

1장	자율적 의사결정의 행복감	88
2장	자율적 의사결정의 크럭스, 추론	96
3장	논리적 따짐이 왜 AI에 중요한가?	103
4장	의사결정의 핵심: 추론과 논증	108
5장	연역, 귀납, 가추, 유추-추론의 네 가지 방식	112
6장	인간지능으로 바라본 인공지능의 추론	116
7장	의사결정 에이전트와 추론 생태계	121
8장	인공지능 전략의 핵심 프레임웍: 지식 X 추론	130
9장	대한민국 인공지능 추월전략, 경험지식의 논리지식화	137
10장	경험지식 활용을 위한 유추	142
11장	새로운 혁신 지식 자산, 전문가 대화 데이터	148
12장	임원이 가진 '경험지식'의 힘	152
13장	뉴로심볼릭 사고, 인간지능과 인공지능의 황금균형	159

3부   뉴로심볼릭 AI를 구성하는 핵심 기술과 원리 탐구

1장	심볼릭 AI의 흥망성쇠	168
2장	뉴럴 네트워크 혁명	174
3장	설명 가능성에 대한 갈증	186
4장	퓨처 AI의 등장: 뉴로심볼릭	195
5장	뉴로심볼릭 프로그래밍	212
6장	뉴로-심볼릭 AI의 기술적 융합	219
7장	사례 연구: 뉴로심볼릭 프로젝트	229
8장	뉴로심볼릭 AI에 대한 고민	239
9장	편향의 확산 위험	252

서문
우리는 AI를 반만 알고 있다.

우리는 AI가 인간의 사고를 얼마나 닮았는지, 또 얼마나 멀었는지를 논의하면서 늘 양극단의 시각 사이를 오간다. 한편에서는 AI가 곧 인간의 모든 판단을 대체할 것이라며 그 가능성을 극대화하고, 다른 한편에서는 인간만이 지닌 감성과 직관의 고귀함을 강조하며 AI의 한계를 지적한다. 이처럼 AI에 대한 극단적 시각이 혼재한 이유는 무엇일까? 단순한 기술 이해 부족은 아닌 것 같다. 어쩌면 AI를 바라보는 인식의 틀 자체가 충분히 크지 않기 때문일수도 있다.

그 편향의 가장 근본적인 뿌리는 바로 'AI는 곧 데이터'라는 인식이다. 오늘날 대부분의 사람들은 AI를 말할 때 곧바로 빅데이터, 머신러닝, 그리고 생성형 AI를 떠올린다. 실제로 챗GPT나 미드저니Midjourney 같은 대표적 AI 제품들은 모두 대규모의 데이터를 기반으로 작동한다. 그 결과 'AI는 데이터를 많이 먹이면 똑똑해 진다'는 인식이 자연스럽게 확산됐다. 이 접근은 일정 부분 타당하다. 대규모 데이터를 기반으로 한 학습은 확실히 놀라운 예측과 생성 능력을 보여주었고, 이는 단기간에 산업적 파급력을 확장시키는 데 큰 역할을 했다.

2024년 말 테슬라의 창업자, 일론 머스크는 생성형 AI의 미래를 다음과 같은 말로 압축했다.

"더 이상 AI를 훈련할 수 있는 데이터가 없다."

절망적이다. 실제로, 많은 매체에서 이 말에 주목했다. AI는 데이터를 먹고 자라는데 데이터가 없다니 말이다. 특히, 국가 간 AI 군비경쟁을 한 발짝 떨어져 보고 있는 우리나라 입장에서는 더더욱 난감하다. 본격적으로 들어가보지도 못한 거대 시장이 이미 성숙해버린 듯한 느낌까지 받으니 말이다. 하지만, AI는 데이터가 전부이다 라는 말을 이제 의심해 볼 필요가 있다.

우리가 쉽게 놓치는 점은, 데이터 기반 접근만으로는 인간처럼 사고하는 AI, 특히 전략적이고 상황 맥락을 이해하며 스스로 사고 경로를 설계하는 AI를 만드는 데 본질적인 한계가 있다는 사실이다. 설사 어느정도 근접한다 해도 비용이 너무 많이 든다. 인간은 추론을 통해 생각의 도약을 만들어내며, 이 과정에서 명시된 규칙, 설명 가능한 논리 구조를 무수히 만들어 왔고, 만들고 있다. 그런데도 많은 사람들은 이 '규칙적 요소'가 AI에 필요한 요소라는 점을 간과하거나 과소평가한다.

이러한 일종의 편향은 AI의 발전 역사에서도 반복적으로 나타난다. 한때는 모든 지능적 행위를 논리와 기호로 설명하려 했던 규칙 기반 진영이 주도권을 잡았다가, 이후 데이터 기반의 신경망 모델이 도약하면서 완전히 주도권을 가져왔다. 문제는 이 두 진영이 각자의 언어로, 각자의 목표만을 바라보며 발전해 왔다는 점이다. 덕분에 우리는 한쪽 방식이 성공할 때마다 다른 한쪽의 가능성을 잊곤 한다. 하지만 진실은 그 둘 모두가 인간 사고의 일부를 모사하고 있으며, 따라서 어느 한쪽만으로는 '사람처럼 생각하는 AI'를 설명하기 어렵다는 것이다.

데이터가 전부라는 말을 의심할 수 있는 또 다른 이유는 우리가 AI를 주로 '성과 지향적'으로 평가해왔기 때문이다. 얼마나 잘 예측했는가, 얼마나 빠르게 답을 냈는가, 얼마나 창의적으로 문장을 생성했는가 같은 질문이 대부분이다. 하지만 이런 지표는 AI의 '결과'만을 보고 있는 것이지, 그 결과에 도달하는 '사고의 과정'을 평가하지 않는다. 물론 그 AI의 사고 과정을 따지는 것이 꽤나 어려운 공학지식을 원하기 때문이기도 하지만, 더 근본적인 문제는 게으름에 있다. 복잡하게 따지지 않아도 그럴싸하게 답을 줄 수 있다는 기조가 대부분 AI 서비스의 마케팅 메시지에 깔려 있다는 점을 보면 확인이 가능하다.

마치 학생의 답만 보고 사고 과정을 무시하는 시험처럼, 우리는 AI가 어떤 과정을 거쳐 결론에 도달했는지를 따지지 않는 경우가 많다. 특히 전략적 판단이 중요한 경영, 정책, 과학적 탐구 등에서는 이 사고 과정 자체가 훨씬 더 중요할 수 있음에도 말이다. 차차 논의하겠지만, 우리 주변의 AI 관련 성공사례들이 이런 고난이도 전략적 의사결정과 관련된 사례는 별로 없다는 걸 눈치채야 한다. 즉, 데이터의 양이 많으면 해결될 수 있는 문제들로 치중되어 있는 것이다.

AI에 대한 균형 잡힌 이해가 어려운 이유는 단순히 기술적 난이도 때문만은 아니다. 우리가 어떻게 '이해'라는 행위를 구성하고 있는지를 돌아보면, 우리의 사고 자체가 지나치게 경험 기반(데이터 중심)이거나, 반대로 지나치게 이론 중심으로 치우쳐 있는 경우가 많다. 그렇기에 AI를 이해하려면 인간의 인지 구조 자체에 대한 이해, 그리고 사고의 구조를 설명하는 논증적 사고 틀에 대한 훈련이 선행되어야 한다. 말하자면, AI는 기술이기 이전에, '우리는 어떻게 사고하는가?'에 대한 새로운 질문인 것이다. 이 질문에 각자 조예가 없으면, 'AI의 답은 뭔가 그럴싸한데 딱 와닿지 않아.'라고 투덜거리기만 하게 된다. 당신이 지금 경험하는 AI는 데이터 기반의 확률이라는 이해가 없으니, 이를 모른 채 불만만 커져가는 것이다.

결국 우리가 AI를 균형 있게 이해하지 못하는 이유는 우리가 '인간 사고'의 본질을 충분히 성찰하지 못했기 때문이다. 쉽게 말해, 의사결정 리터러시가 없으니, AI 리터러시도 없다. AI를 잘 다루고 잘 활용하기 위해서는 먼저, 사고란 무엇인지 추론은 어떤 방식으로 작동하는지 그리고 규칙과 데이터는 어떤 방식으로 협력하는지를 이해해야 한다. 그렇게 우리의 사고를 돌아보는 훈련이 선행되어야만, 우리는 비로소 AI와 함께 생각하고, AI를 통해 더 나은 판단을 할 수 있게 된다.

AI의 문제는 결국 인간 이해의 문제라는 명제를 받아들일수록 AI는 데이터와 규칙이라는 두 축으로 지탱된다는 결론 역시 자연스럽게 받아들여 질것이다.

이게 이 책의 한 줄 결론이다.

책은 크게 세 부분으로 구성되어 있다.

1부 「AI를 이해하는 두 개의 렌즈: 규칙과 데이터」에서는 우리가 인공지능을 제대로 이해하고 활용하기 위해 데이터 중심의 접근과 규칙 기반의 접근이 왜 모두 중요한지를 설명한다. 데이터로 세상을 경험하는 것과 규칙을 통해 세상을 해석하는 것이 어떻게 상호 보완되는지를 다루면서, 인공지능과 인간지능 간의 바람직한 균형점을 찾는다.

2부 「의사결정 에이전트와 뉴로심볼릭」에서는 인공지능의 발전이 초래하는 인간 판단력 양극화 현상을 분석하고, 이러한 시대에 인간의 자율적 의사결정을 지키기 위한 방법으로 뉴로심볼릭 접근이 어떻게 유용할 수 있는지를 논의한다. 인공지능이 인간의 지능을 대체하는 것이 아니라 인간의 사고를 강화하고 보완하는 방향으로 진화할 때, 진정한 의미의 균형과 협력이 가능하다는 점을 강조한다.

3부 「뉴로심볼릭 AI를 구성하는 핵심 기술과 원리 탐구」에서는 뉴로심볼릭 AI를 실질적으로 구현하는 데 필요한 핵심 기술과 원리를 구체적으로 살펴본다. 심볼릭 AI의 역사적 배경과 한계, 뉴럴 네트워크의 발전과 한계 등을 짚어본 후, 이 두 가지 접근을 융합하여 실제 인공지능 시스템으로 어떻게 발전시킬 수 있는지를 깊이 있게 탐구한다.

이 책을 통해 독자들은 인공지능의 미래를 단순히 기술적 차원에서 바라보는 것을 넘어, 인간과 기계가 공존하고 협력하는 새로운 패러다임을 이해하고 준비할 수 있게 될 것이다.

강양석, 우지환, 조호연

1부

AI를 이해하는 두 개의 렌즈: 규칙과 데이터

인공지능이 사람처럼 사고하고 판단할 수 있는 존재로 성장하기 위해서는 반드시 두 가지 렌즈를 통해 바라봐야 한다. 하나는 방대한 데이터를 통해 세상을 경험하고 패턴을 발견하는 데이터 기반 접근이며, 다른 하나는 규칙과 논리를 통해 세상을 구조적으로 해석하고 설명하는 규칙 기반 접근이다. 이 두 방식은 각자 독립적인 듯 보이지만, 사실은 서로의 부족한 점을 보완하며 인공지능을 보다 깊고 정확한 판단으로 이끈다. 뉴로심볼릭 AI는 이 두 접근의 완벽한 균형을 추구하며, 인간과 기계 사이의 가장 효과적인 협업을 가능케 하는 새로운 지능의 시대를 여는 열쇠가 된다.

_강양석, 조호연

똑똑해질수록
횡설수설해대는 AI

2025년 4월 오픈AI의 신모델 o4 mini, o3가 출시되었다. 모델명의 숫자가 올라갈수록 우리는 막연히 기대하곤 했다. 더 똑똑해졌겠지라고. 물론 그 기대를 저버리지는 않았으나 뭔가 오묘한 현상도 함께 나타났다. 일명 환각 현상 역시 증가한 것이다. 환각이란 AI가 사실이 아닌 정보를 마치 진실인 것처럼 잘못 생성하는 현상이다. 사람으로 치면 시험은 더 잘 보는데 그만큼 횡설수설해지는 경향도 강해진 것이다. 모든 기술 발달은 으레 부침이 있지만, 정말 심각한 문제는 따로 있다. 오픈AI 스스로도 그 이유를 모른다는 것이다. 이게 어떤 의미를 가지는지 좀 더 자세히 정리해보자.

이번 출시 관련 가장 중요한 첫 번째 특징은 단연 환각$_{Hallucination}$ 현상의 증가이다. 오픈AI는 o4 mini와 o3가 이전 모델$_{o1}$에 비해 환각률이 각각 3배, 2배 높다는 사실을 공식 문서에서 인정했다. 이는 AI 모델이 더욱 복잡하고 정교한 추론을 시도할수록 오히려 부정확한 정보 생성의 빈도가 높아질 수 있음을 보여준다. 물론 여기서 말하는 '추론'이 정확히 무엇을 의미하는지는 여전히 불분명한 측면이 있다. 하지만, 정확도를 높이면서 동시에 허위 정보를 생성하는 경향이 높아진다는 사실은, 우리가 생성형 AI의 등장이 놀라웠던 만큼 추론도 잘 하겠지라고 무턱대고 생각해선 안된다는 것을 의미한다.

두 번째는 정확도와 환각률이 별개로 존재한다는 점이다. 벤치마크 점수(일종의 성능 테스트)상 높은 성능을 보이는 모델들이 실제 응용에서는 오히려 혼란을 일으키는 경우가 많았다. 특히 개발자 커뮤니티에서는 코딩 및 실제 작업에서 이러한 모델들이 비현실적인 결과를 내는 사례가 자주 보고되고 있다. 이는 AI를 단편적인 벤치마크 점수에 의존해서는 진정한 성능을 평가할 수 없다는 것을 의미한다.

세 번째로는 모델의 복잡성 증가에 따른 기억력과 추론의 충돌이다. AI가 방대한 데이터를 통해 지식을 축적하지만, 사용자의 피드백에 의해 성능을 강화해 나갈수록 초기 학습된 지식들이 혼란을 겪고 왜곡되는 현상이 발생했다. 이는 어찌 보면 인간이 지식을 망각하거나 혼동하는 것과 유사하다 할 수 있지만, AI 역시 '기억'과 '추론' 능력이 완벽히 공존하지 못할 수도 있다는 심각한 한계를 시사한다.

그럼 이게 오픈AI만의 문제일까? 이에 대한 답을 엿볼 수 있는 연구결과가 최근 속속들이 나오고 있다. 오픈AI와 함께 생성형 AI 산업을 이끌어가는 앤트로픽Anthropic 연구팀이 2025년 발표한 논문 Reasoning Models Don't Always Say What They Think에서는 자신의 최신 AI 모델들조차 실제 자신의 내부 사고 과정을 충실히 표현하지 못한다고 고백했다. 연구에 따르면, AI가 특정 힌트나 외부 입력을 활용하여 결론에 도달했음에도 불구하고, 이를 명시적으로 언급하는 경우는 극히 드물었다. 즉, 자신의 추론에 근거를 못 댄다는 것이다. 특히 심각한 것은 강화학습Reinforcement Learning, RL을 통해 성능을 개선할수록 모델이 자신이 사용하는 부정확한 정보나 잘못된 근거를 숨기는 경향이 강화된다는 점이다. 다시 말해, 추론이 더 복잡해지고 고도화될수록 모델이 '자신의 잘못된 사고 과정'을 드러내지 않고 감출 가능성이 높아진다는 것이다.

그렇다면, LLMlarge language model모델의 원조격이라고 할 수 있는 구글의 입장은 어떨까? 역시 2025년 4월 제목부터 의미심장한 논문 LLMs are Greedy Agents.을 발표했는데 핵심내용은 LLM은 기본적으로 좋은 의사결정 도구는 아니라는 것이다. 이유는, 첫째, 탐욕성Greediness인데 당장 눈앞에 보이는 이익과 성과에만 집착하는 경향이 있다는 것이다. 둘째, 빈도 편향Frequency Bias은 쉽게 말해 전에 봤던 익숙한 선택을 무비판적으로 따라가는 경향을 말한다. 이 때문에 세번째 이유가 제시되는데, 앎 – 행함의 격차Knowing – Doing Gap이다. 즉 아는 것과 실제 행동하는 것이 일치하지 않는 현상이다. 이를 종합하면 아는 것만으로는 좋은 결정을 할 수 없으며, 학습한 내용을 행동으로 연결시키는 별도의 보조장치가 필요하다는 것이다.

오픈AI(챗GPT), 엔트로픽(클로드), 구글(제미나이) 논문 모두 자신이 만드는 제품에 대한 고백적 성격을 가진다는 점에서 의미가 크다. 공통점은 AI는 대규모 데이터를 학습해서 숨겨진 특성을 발휘하는 데는 탁월하지만, 그 이상의 추론을 해내는 데에서는 분명 애를 먹고 있다는 점이다. 즉, 데이터 기반 (강화)학습이 가진 '새로운 것을 탐색하기보다는 이미 가진 능력을 더 효율적으로 활용하는 경향'은 모든 AI 모델에 적용될 수 있는 일반적인 현상일 수 있다는 것이다.

그럼 왜 그럴까? 특히, 생성형 AI에서 이런 특징이 더 두드러진 이유는 매우 방대한 언어 조합 공간을 다루기 때문에, 새로운 길(추론 과정)을 찾기보다는 기존에 학습된 패턴을 강화하는 방향으로 빠르게 수렴하기 쉽기 때문이다. 쉽게 얘기하면, 공부를 너무 많이 해서 오히려 새로운 생각(추론)을 하기 어렵다고도 볼 수 있다. 이렇게 학습량과 추론능력의 구조적 불편한 관계는 지금껏 나온 모든 AI에 대해 다시 생각해볼 수 있는 기회를 준다. 구글의 빈도 편향이라는 단어가 이를 잘 상징한다.

2025년 AI업계 최고 키워드는 '추론'이다. 인공지능 간 협업구조를 만들어 문제해결능력을 올린다는 멀티에이전트 개념도 결국 추론하는 AI를 그 근간으로 하고 있다. 그러니, 추론(推 밀 추, 論 논할 논)이란 말을 명확히 이해해야 한다. 추론은 생각을 밀어내는 것이다. 즉, '도약'이다. 그러므로 생성형 AI가 추론 AI가 된다는 것은 어찌 보면 엄청난 발전이다. 생성은 생각의 '요약'이지만, 추론은 '도약'이기 때문이다. 이메일을 가다듬고, 이미지를 만들며, 영화까지 만들어내는 AI는 대단해 보이지만, 기존 데이터를 요약하는 활동이다. 즉, 새로운 생각을 만들어 낸 것은 아닌 것이다. 높은 성능으로 새로운 글, 이미지, 영상을 만들어 내기 때문에 새로운 도약처럼 보일 수 있지만, 실상은 기존 학습된 내용에서 추출된 확률적 요약일 뿐이다.

그러므로 AI를 '숨겨진 패턴을 찾는 기계'라고 정의하는 것은 생성형 AI까지이다. 추론 AI는 요약이 아닌 도약한다. 이 도약을 AI가 정말 해낼 수 있을까에 대한 판단은 기존 생성형 AI를 바라보던 때와 같은 시선을 유지해서는 어렵다. 요약을 도약으로 여기면 비약이다. 그래서, 데이터 학습을 많이 할수록 요약은 잘하지만, 도약은 잘 못할 수도 있다는 앞선 3개 회사의 오묘한 발견은 어찌 보면 가벼이 볼 결론이 아니다.

물론, 이 결론을 반대로 설명하는 논문도 많다. 예를 들면, 위에 언급한 엔트로픽에서 나온 다른 논문 Tracing the thoughts of a large language model에서는 생성형 AI가 다단계 추론을 인간과 유사하게 잘 한다라고 얘기하고 있다. 복잡한 문제를 만났을 때 다양한 생각을 순차적으로 잘 적용하고, 새로운 정보가 생기면 그 추론의 방향도 적절하게 바꾼다는 것이다. 그럼 왜 이렇게 같은 제품을 두고도 그 본질적인 특성을 다르게 말할까? 그만큼 인공지능이라는 공학적 성취는 컴퓨터 공학자들에게도 낯선 제품이기 때문이다. 왜냐하면 한땀한땀 그 규칙을 짜서 만든 제품이 아니라, 알 수 없는 이치에 의해서 갑자기 생각을 가진 것처럼 행동하는 제품을 맞닥뜨렸기 때문이다. 그래서, 컴퓨터 공학자들도 마치 파브르 곤충기를 쓰는 생물학처럼 인공지능을 대하고 실험한다. 기획하고 만들어내고 성능을 최적화하는 기존의 방식이 아닌 것이다. 이 말은 어떤 논문이 더 지배적인 의견이라고 밝히는 것 자체가 어려운 상태라는 것이다. 다만, 이 책은 인공지능이 요약은 잘하는데 도약은 잘 못하는 것 같아요 라는 오픈AI, 앤트로픽, 구글의 자기 고백적 논문에 더 힘을 주며 주장을 담아보고자 한다. 그냥 이렇게만 집중해 보자, '어떻게 하면 요약하는 AI를 도약하는 AI로 더 잘 만들 수 있을까?' 도약(추론)이 없으면, 의사결정 하지 못하기 때문에 중요한 질문이다. 아마도, 이 질문에 답하기 위해선, 완전히 다른 학습 패러다임을 함께 검토해야 할 것이다.

왜 규칙과 데이터를
모두 알아야 하는가?

오늘날 우리는 인공지능이 세상을 바꾸는 모습을 목격하고 있다. 놀라운 기술적 성과들이 연이어 나오고 있지만, 여전히 사람들은 궁금해한다. 도대체 인공지능은 어떻게 '판단'하는 것일까? 무엇을 근거로 그런 결정을 내리는 걸까? 그리고 우리는 인공지능을 제대로 이해하고 있는 걸까?

    이 질문에 답하기 위해서는 먼저 인공지능의 두 가지 기반, 즉 '데이터'와 '규칙'에 대해 다시 생각해볼 필요가 있다. 일반적으로 인공지능이라고 하면, 대량의 데이터를 학습해 패턴을 찾아내는 기술로 생각하기 쉽다. 실제로 대부분의 최신 인공지능 시스템, 예컨대 생성형

AI나 추천 알고리즘, 자율주행 기술 등은 모두 데이터 중심의 접근 방식을 사용한다. 이들은 인간이 어떻게 해라라고 딱히 지시하지 않아도 수많은 데이터를 분석해 유사한 상황에서 어떤 선택이 이뤄졌는지를 학습함으로써 새로운 상황에 적용할 수 있는 모델을 만들어낸다.

하지만 모든 상황에 데이터가 충분한 것은 아니다. 관측이 부족하거나 드물게 발생하는 현상들, 또는 아직 오지 않은 미래에 대해서는 데이터만으로 판단하기 어렵다. 이러한 한계는 실제 인공지능이 현장에서 부딪히는 수많은 문제에서 드러난다. 자율주행차가 불법 유턴을 학습한 운전자들의 행동을 그대로 따라 하다 사고를 낸 사례는 대표적인 예다. 이 경우 인공지능은 데이터를 잘 학습했지만, 그 학습이 '무엇이 옳은지'를 따지지 않았다는 데 문제가 있다. 법규나 윤리라는 규칙은 데이터에 없었기 때문이다.

바로 이 지점에서 규칙의 중요성이 등장한다. 규칙은 단지 반복된 경험에서 만들어지는 것이 아니라, 인간의 판단과 논리를 통해 구성된 것이다. 즉, 규칙은 현실의 복잡함을 간명하게 설명할 수 있는 구조로 단순화하며, 동시에 우리가 경험하지 못한 상황에도 적용될 수 있는 일반성을 지닌다. 데이터는 구체적이고 실제적이지만, 규칙은 추상적이며 설명 가능하다. 이 둘이 결합될 때 인공지능은 비로소 현실적이면서도 신뢰할 수 있는 판단을 할 수 있게 된다.

그렇다면 데이터와 규칙 중 어느 것이 더 중요한가? 이 질문은 마치 '사고와 경험 중 무엇이 더 중요한가'를 묻는 것과 같다. 사실 중요한 것은 균형이다. 데이터 중심의 인공지능은 마치 뭔가를 많이 본 아이처럼, 익숙한 것에는 잘 반응하지만 낯선 상황에는 당황한다. 반면, 규칙 중심의 접근은 스스로 상황을 해석하고 판단하려 하지만, 실제 현실과 동떨어질 수 있다. 우리가 원하는 인공지능은 둘 사이의 균형을 갖춘 존재다.

이러한 균형은 뉴로심볼릭이라는 용어로 압축된다. 뉴로심볼릭은 신경망 기반의 데이터 학습 능력(뉴로)과 논리 구조 기반의 규칙 추론 능력(심볼릭)을 조합한 개념이다. 데이터는 세계를 읽고, 규칙은 그것을 해석한다. 예를 들면, 당신은 고양이 3마리와 강아지 2마리가 찍힌 사진을 가지고 있다. 이때 고양이 1마리는 강아지 2마리보다 크지만, 나머지 두 마리는 그렇지 않다. 그리고, 이 동물 5마리는 사진속에서 매우 뒤엉켜져 있다고 해보자. 이때, '고양이보다 작으면서 뒤에 있는 강아지는 몇 마리인가?'라는 질문을 했다고 가정해보자. 뉴로심볼릭적 접근은 이 복잡한 이미지를 분석해 그 안의 동물들의 특성(크기, 위치, 종류)를 추출하고 이 정보들을 구조화하는 데는 뉴럴 네트워크를 활용하고, 그 구조화된 정보를 바탕으로 질문에 논리적으로 답하는 데는 심볼릭 추론 방식을 활용한다. 복잡한 것을 단순화하고, 단순화된 것을 논리적으로 깊이 이해하는 두 단계가 정확히 분업되어 작동한 셈이다.

우리가 일상에서 의사결정을 내릴 때도 마찬가지다. 경험(≒데이터)은 필요하지만, 그 경험을 해석하고 적용할 수 있는 사고의 틀(≒규칙)이 없으면 우리는 반복된 실수를 피할 수 없다. 반대로 아무리 똑똑한 사고 체계(≒규칙)를 갖추고 있어도, 실제 현실에 대한 정보(≒데이터)가 없다면 그것은 공허한 이론에 불과하다.

결국 우리가 인공지능을 이해한다는 것은 단지 기술을 아는 것을 넘어서, 인간의 지능이 작동하는 방식에 대한 이해를 확장하는 일이다. 우리는 데이터로 세상을 경험하고, 규칙으로 세상을 해석하며, 그 둘의 상호작용을 통해 더 나은 판단과 결정을 내린다. 인공지능도 마찬가지다. 그것이 인간처럼 사고하고, 판단하고, 결정하는 존재가 되기 위해서는 데이터와 규칙, 이 두 축의 균형을 갖춰야 한다.

이 책의 시작점이 바로 여기에 있다. 그리고, 이것이 생성형AI가 추론AI가 되기 위한 분수령이 될 것이다. 인공지능의 핵심을 이해하고, 그 가능성과 한계를 정확히 파악하기 위해 우리는 반드시 규칙과 데이터를 함께 이해해야 한다. 그것이 인공지능 시대를 살아가는 인간으로서 갖춰야 할 지적 균형감이며, AI와 함께 일하고 살아가는 우리의 첫 번째 리터러시이기 때문이다.

뉴로심볼릭 직관적으로 이해하기:
What time is (　)?

뉴로심볼릭 개념을 가장 직관적으로 이해하기 위해, 영어 공부를 떠올려 보자. 우리는 보통 두 가지 방식으로 영어를 배운다. 하나는 문법책을 펴고 규칙을 익힌 뒤, 그 규칙을 적용해 문장을 만들어보는 방식이고, 다른 하나는 수많은 문장과 표현을 접하면서 자연스럽게 언어의 구조를 체득하는 방식이다. 대부분의 한국 사람들은 첫 번째 방식에 익숙하다. 시험을 위해 문법을 정리하고, 규칙을 외우고, 예외까지 암기하는 식이다. 반면, 언어 환경에 노출되어 생활 속에서 영어를 익힌 사람들은 두 번째 방식에 더 가깝다. 문법을 설명하진 못해도 상황에 맞는 표현을 자연스럽게 구사한다.

예를 하나 들어보자. "What time is (　)?"라는 문장에서 괄호 안에 들어갈 단어는 대부분 'it'이라는 것을 안다. 어떤 사람은 "시간을 말할 때는 가주어 it을 써야 한다"는 문법 규칙에 근거해 그렇게 말하고, 또 어떤 사람은 그런 규칙은 전혀 모르지만 "what time is it?"이라는 표현이 워낙 익숙해서 자연스럽게 그 단어를 넣는다. 실제로 영어권 아이들은 이 표현을 수없이 들으며 자라기 때문에, 'what time is it?'이란 문장을 별생각 없이 말할 수 있다. 반면에 규칙을 먼저 배운 학습자는 이 문장을 조립하듯 구성한다. 가주어가 필요하다는 이론을 기억하고, 동사 앞에 그에 맞는 주어를 넣어야 한다는 판단을 거쳐 문장을 완성한다. 이 두 방식은 모두 영어를 배우는 과정이지만, 작동 원리는 꽤 다르다.

조금 더 복잡한 예를 생각해보자. 예컨대 "Had I known this, I would have acted differently" 같은 가정법 문장을 떠올려 보자. 전통적인 학습자는 여기서 '과거 사실에 반하는 가정은 과거완료 + 조동사 have p.p.'라는 문법 규칙을 기억해 문장을 구성한다. 하지만 모국어 화자나 언어에 익숙한 학습자는 이런 문장을 규칙적으로 조립하지 않는다. 유사한 표현을 여러 번 접하고, 그런 표현들이 어떤 상황에서 쓰이는지 익히면서 몸에 밴 문장으로 말하게 된다. 나중에 문법 용어를 배우며 '아, 그게 가정법 과거완료였구나' 하고 이름을 붙일 뿐이다.

이런 식의 차이는 단순히 지식의 양 차원이 아니라, 학습 방식의 차원이다. 하나는 규칙을 먼저 배우고 거기에 경험을 얹는 방식이고, 다른 하나는 경험을 먼저 쌓고 그 안에서 규칙을 발견하거나 내재화하는 방식이다. 우리가 외국어를 잘하는 사람을 볼 때, "문법을 그렇게 안 배웠다는데 어떻게 그렇게 잘해?"라고 놀라는 이유가 바로 여기에 있다. 그들은 반복된 노출과 사용을 통해 언어의 패턴을 익혔고, 규칙은 그 결과로서 자연스럽게 따라왔다.

이러한 차이는 인공지능에도 그대로 적용된다. 생성형 인공지능, 특히 챗GPT와 같은 모델은 언뜻 보기엔 마치 문법 규칙을 따르는 것처럼 말하지만, 실제로는 수많은 문장을 학습하면서 자주 함께 등장하는 단어, 자연스러운 문장 구조, 문맥상 적절한 표현을 확률적으로 예측하는 방식으로 작동한다. 다시 말해, 'what time is it?'이라는 표현을 수없이 본 결과 'it'이 들어갈 확률이 높다는 것을 파악하는 것이다. 이것은 문법 규칙을 학습했다기보다는, 경험을 통해 규칙처럼 보이는 패턴을 내면화 한 결과다. 이처럼 인간과 인공지능은 각각 다른 방식으로 언어를 익히는 듯 보이지만, 그 차이를 들여다보면 '규칙'과 '학습'이라는 두 축의 균형 속에서 사고가 형성된다는 공통점이 드러난다.

영어를 경험중심으로 배우는 것이 한계를 갖듯이, 인공지능 학습도 데이터에만 의존하는 것은 한계를 보일 수밖에 없다.

이 지점에서 뉴로심볼릭 AI의 필요성과 방향이 보인다. 뉴로심볼릭은 규칙 기반의 접근(심볼릭)과 데이터 학습 기반의 접근(뉴로)을 동시에 결합하는 방식이다. 문법책을 보며 규칙을 익히고, 동시에 수많은 문장을 접하면서 그 규칙을 실제로 써보는 영어 학습의 이상적인

구분	데이터 학습에만 의존하는 인공지능	영어 학습에서 데이터(경험) 중심 방식
장점	방대한 데이터를 통해 실제 사용 맥락을 잘 반영함	실제 회화에서 유용하고 자연스러운 표현 습득
	다양한 표현에 대한 유연한 반응 가능	문맥에 따라 적절한 표현 가능
	예외적인 표현이나 관용구에 강함	자주 쓰이는 표현이 몸에 뱀
단점	규칙을 명시적으로 이해하지 못함	문법적으로 잘못된 표현을 습관처럼 사용할 위험
	오류 발생시 그 원인을 설명하거나 수정하기 어려움	새로운 문장 구조나 복잡한 문법에 약함
	논리적 일관성이나 정밀한 추론에 약함	시험 등 명시적 설명을 요구하는 상황에 취약
학습 방식	확률 기반의 패턴 인식 (다음 단어 예측 중심)	반복 노출과 무의식적 패턴 취득 (직관 중심)
대표 사례	챗GPT, GPT-4 등 대규모 언어 모델	유학 경험자, 몰입형 회화 학습자 등

형태와 닮아 있다. 한쪽에만 의존해서는 도달할 수 없는 유연하고도 안정적인 언어 능력처럼, 인공지능도 규칙과 경험의 균형 속에서 더 깊은 이해와 추론을 가능하게 만든다.

인공지능의 역사:
잃어버린 반쪽을 찾아서

방금까지 인공지능 학습의 양대축이 학습과 규칙이라는 말 자체가 아마 생소했을 것이다. 그런데 이는 인공지능의 역사를 살펴보면 쉽게 납득할 수 있다. 역사를 꼼꼼히 살피는 것은 3부로 미루고 일단 간략하게 의미만 짚어보자. 인공지능이라는 단어가 공식적으로 세상에 등장한 것은 1956년 다트머스 회의에서였다. 당시 연구자들은 인간의 사고방식을 모방해 문제를 해결할 수 있는 기계를 만들 수 있다고 믿었다. 초기의 인공지능은 매우 명확한 방향을 가지고 있었다. 컴퓨터는 계산하는 기계이며, 따라서 논리와 수학적 규칙을 통해 인간처럼 생각할 수 있다고 본 것이다. 이 초기 접근은 이른바 '규칙 기반rulebased' 인공지능의 시대로, 전문가 시스템(전문가의 특정 과제수행능력을 모방하는 컴퓨터 시스템)과 논리 프로그래밍이 대표적인 성과물이었다.

이 시기의 AI는 복잡한 문제를 일련의 논리 규칙으로 분해하고, 이러한 규칙을 조합해 새로운 결론을 이끌어내는 방식이었다. 예를 들어, 의료 진단 시스템은 수많은 '만약 A라면 B이다'라는 조건문을 활용해 특정 질환을 판단하려고 했다. 이 방식은 설명 가능성과 논리적 일관성 측면에서 매우 강력했지만, 현실 세계의 다양성과 예외를 포착하는 데는 한계가 있었다. 인간의 사고는 언제나 그렇게 깔끔하게 분류되지 않았고, 규칙이 아무리 많아도 모든 상황을 포괄할 수는 없었다.

1980년대 후반부터 판세가 바뀌기 시작했다. 기계가 규칙을 배워야 한다는 관점에서, 데이터를 기반으로 스스로 패턴을 학습하는 접근이 부상했다. 이것이 바로 '데이터 기반data driven' AI의 출현이다. 기계학습machine learning은 더 이상 모든 규칙을 사람이 직접 설계하지 않고, 대량의 데이터를 제공함으로써 컴퓨터가 스스로 규칙을 찾아내는 방식을 제안했다. 1990년대와 2000년대를 거치면서 이 방법은 점점 더 넓은 영역에서 효력을 발휘했다. 특히 인터넷의 발달과 디지털화된 데이터의 폭발적 증가로 인해 데이터 기반 AI는 실용성과 성능 면에서 우위를 점하게 된다.

이러한 흐름은 2010년대 들어 본격적인 전환점을 맞이한다. 딥러닝 기술이 등장하면서 인공지능의 패러다임은 다시 한 번 급격히 데이터 중심으로 이동했다. 딥러닝은 기계학습의 일종이지만, 훨씬 더 복잡한 데이터 구조를 다룰 수 있고, 특히 이미지나 음성, 자연어와 같은 비정형 데이터를 처리하는 데 탁월한 성능을 보였다. 챗GPT와 같은 대규모 언어 모델도 이 딥러닝 기반 기술의 산물이다. 이때, 딥러닝의 학습 방식이 인간의 뇌가 학습하는 방식과 비슷하다 해서, 인간의 뇌를 뜻하는 접두사, 뉴로neuro를 붙인 것이다. 수백억 개의 파라미터를 가진 이 모델들은 단순히 문장을 따라 하는 수준을 넘어서, 인간과 유사한 방식으로 대화를 이어가는 듯한 착각을 불러일으켰다.

하지만 이 놀라운 성과에도 불구하고, 딥러닝은 여전히 몇 가지 약점을 안고 있다. 대표적인 것이 '설명 가능성'과 '불확실한 상황에서의 판단 능력'이다. 왜 이런 결론에 도달했는지를 설명할 수 없고, 이전에 학습하지 않은 전혀 새로운 상황에서는 예측 불가능한 판단을 내리기도 한다. 마치 우리가 what time is it?을 무심코 얘기하면서 왜 그런 말의 순서를 유지했는지 논리적으로 설명하지 않는 것처럼 말이다. 다만, 딥러닝은 무조건적으로 데이터를 신뢰하는 경향이 있기 때문에, 데이터에 존재하는 편향이나 오류까지 그대로 학습해 버릴 위험이 있다. 일본 만화책으로 일본어를 배운 친구들이 만화 주인공의 독특한 말투까지 닮아버리는 것처럼 말이다.

이러한 한계로 인해 인공지능 연구는 다시 규칙 기반 접근의 중요성을 재조명하게 되었다. 이때, 규칙을 주로 기호화 하여 정리하기 때문에 심볼symbol이란 접두어를 붙인 것이다. 데이터를 학습하는 능력은 분명 뛰어나지만, 그 학습 결과를 해석하고 조정할 수 있는 '사고의 틀', 즉 논리와 규칙이 함께 작동해야 한다는 반성이 일어나기 시작한 것이다. 이 움직임이 바로 규칙과 데이터, 즉 심볼과 뉴럴의 결합을 의미하는 '뉴로심볼릭 AI'의 배경이 되었다.

흥미로운 점은, 이 두 진영은 늘 경쟁만 해왔던 것이 아니라, 시기마다 서로를 보완하며 인공지능의 발전을 이끌어왔다는 것이다. 규칙 기반 AI는 강력한 추론 능력과 설명 가능성을 제공했지만 현실 데이터에 약했고, 데이터 기반 AI는 유연한 학습 능력과 높은 실용성을 가졌지만 일반화나 해석력에 제약이 있었다. 따라서 이 둘을 결합한다는 것은 단지 기술을 혼합한다는 의미를 넘어서, 인간의 지능을 더 깊이 이해하고자 하는 지적 모험에 가깝다.

지금 이 순간에도 우리는 인공지능의 역사 속에서 그 교차점을 지나고 있다. 어느 한쪽으로의 완전한 회귀도, 다른 한쪽으로의 맹목적인 도약도 아닌, 데이터와 규칙을 조화롭게 활용하는 방법에 대한 고민이 시작되고 있는 것이다. 그것은 단지 인공지능을 잘 쓰기 위한 문제가 아니라, 우리가 어떻게 사고하고, 어떻게 판단하며, 무엇을 '지능'이라 부를 것인지에 대한 철학적 성찰로 이어진다. 결국 인공지능의 역사는, 인간 사고의 본질을 향한 또 다른 길이었는지도 모른다. 그리고 그 길 위에는 언제나 규칙과 데이터라는 두 기둥이 함께 서 있었다.

고리타분해 보일 수 있지만, 우리가 인공지능의 역사를 살펴본 이유는 잃어버린 반쪽을 찾을 수 있었기 때문이다. 인공지능의 역사는 규칙부터 시작했다 해도 과언이 아니다. 그도 그럴 것이 그 당시에는 디지털 환경이 미비했고, 데이터가 부족했기 때문이다. 물론 이 결론이 우리가 앞으로도 인공지능을 다룰 때 두 측면 모두를 고려해야 한다를 자동으로 의미하진 않는다. 적어도 뉴로심볼릭이란 개념이 한번쯤 진지하게 들여다볼 가치는 있을 수 있겠다 라는 호기심이면 일단 충분할 것 같다. 과연 규칙과 학습을 동시에 바라는 보는 것이 실용적인지는 차차 밝혀갈 문제이며 서서히 그 이야기를 해보려고 한다.

사람처럼 생각하는 AI

우리는 매일 생각하고, 선택하고, 판단하며 살아간다. 그런데 이 모든 사고가 하나의 단일한 방식으로 이뤄지는 것은 아니다. 노벨 경제학상 수상자 대니얼 카너먼은 자신의 저서 『생각에 관한 생각Thinking, Fast and Slow』이라는 책에서 이런 복잡 다단한 사고방식을 단 두가지로 요약 정리했다. 인간의 사고는 크게 두 가지 방식으로 작동한다. 대니얼 카너먼은 이를 '시스템 1'과 '시스템 2'라 불러 구분했다. 이 두 시스템은 각각 직관과 분석이라는 상반된 성격을 갖고 있지만, 우리의 모든 판단은 이 두 사고 방식의 조화 속에서 이루어진다.

시스템 1은 빠르고 자동적이며, 감정과 연상에 기반한 직관적 사고다. 아침에 일어나 자동으로 양치질을 하거나, "2+2"라는 문제를 보자마자 '4'라는 답이 튀어나오는 사고 방식이 바로 이것이다. 반면 시스템 2는 느리고 논리적이며, 의식적인 노력을 요구하는 사고다. 복잡한 보고서를 분석하거나, 사업 계획의 타당성을 검토하고, 장기적인 영향을 고려해 전략을 설계하는 일들은 시스템 2의 영역이다.

일상생활 속에서도 이 둘은 구분된다. 마트에서 종이컵을 고를 때, 평소 쓰던 브랜드를 무의식적으로 집는다면 시스템 1이 작동한 것이다. 반면, 원가 대비 용량, 내구성, 할인율 등을 따져가며 비교한다면 그것은 시스템 2가 개입한 결과다.

회사에서도 이 두 시스템은 늘 함께 작동한다. 이메일 제목만 보고 내용을 짐작하거나, 익숙한 루틴대로 회의를 세팅하는 일은 시스템 1의 빠른 판단을 활용한 경우다. 그러나 새로운 파트너사와 계약 조건을 협의하거나, 신제품 출시를 앞두고 시장 반응을 예측하며 전략을 설계하는 일은 시스템 2 없이는 불가능하다.

이와 비슷한 구분은 빅테크 기업 아마존의 의사결정 체계에서도 잘 나타난다. 아마존은 전사의 의사결정을 두 가지로 나눈다. Type1 의사결정은 되돌릴 수 없거나 되돌리기 어려운 중요한 결정이고, Type2의사결정는 되돌릴 수 있고 빠르게 시도할 수 있는 결정이다. Type2는 시스템 1처럼 빠르고 유연하게 판단해도 된다. 그러나 Type1은 신중하고 논리적인 사고가 필수적이며, 시스템 2의 깊은 분석이 반드시 필요하다. 아마존은 이 두 결정 유형을 명확히 구분하고, 그에 맞는 조직 문화를 설계함으로써 빠른 실행과 신중한 전략의 균형을 맞추고 있다.

이 구분은 운영적 의사결정operative decision과 전략적 의사결정strategic decision의 차이 와도 연결된다. 회사 내 모든 의사결정은 이 둘 중에 하나이다. 운영적 결정은 반복되고 예측 가능한 문제를 다루며, 빠르게 처리되는 것이 중요하다. 고객 주문 처리, 재고 보충, 출퇴근 관리 등은 대부분 시스템 1의 작동 방식으로 충분하다. 하지만 전략적 결정은 불확실하고 장기적인 영향을 동반한다. 신사업 진출, 조직 구조 개편, 브랜드 리포지셔닝 등은 고도의 분석과 숙고가 필요한 시스템 2의 영역이다.

문제는 현재의 인공지능 담론과 기술이 이 두 시스템 중 주로 즉 시스템 1, 운영적 의사결정, Type2 류에만 편중되어 있다는 데 있다. 예를 들어, 챗GPT와 같은 생성형 인공지능은 놀라운 수준의 언어 유창성을 보여주지만, 그것은 수많은 문장에서 반복된 패턴을 학습하고, 다음 단어를 예측하는 시스템 1적 사고에 기반한다. 즉, 아무리 많은 데이터를 심층 분석하고 학습했어도 그 생각 도출 방식은 직관적 의사결정처럼 보인다. 툭 튀어나오고, 그 속을 알 수 없으니까 그렇다. 인공지능의 판단은 직관적이다. 언뜻 보면 사람처럼 말하고, 대화를 이어가는 것 같지만, 사실 그 판단에는 깊은 논리나 숙고가 개입되어 있지 않다. 마치 처음 보는 제품을 무심코 장바구니에 담는 소비자처럼, 빠르고 직관적인 반응에 불과하다.

이러한 시스템 1적 생성은 특정 업무에는 매우 효과적이다. 고객 문의에 자동응답하거나, 이메일 제목을 자동 생성하거나, 콘텐츠 추천을 하는 데에는 이 방식이 매우 유용하다. 그러나 복잡한 전략 판단이나 다단계 추론이 필요한 문제, 법률 해석, 의료 진단, 윤리적 판단 등의 영역에서는 시스템 2의 사고 없이는 신뢰할 수 없는 결과가 나오기 쉽다.

그래서 우리는 인공지능이 진짜로 '사람처럼 생각'하기를 원한다면, 시스템 1과 시스템 2 모두를 구현해야 한다. 그것은 단지 기술의 진보가 아니라, 우리가 AI에게 무엇을 기대할 수 있는지에 대한 본질적인 물음이다. 예측만 하는 AI가 아니라, 왜 그런 결정을 내리는지 설명할 수 있는 AI, 다양한 경우를 시뮬레이션하며 더 나은 판단을 선택할 수 있는 AI가 필요하다.

이러한 방향에서 뉴로심볼릭 AI의 의미를 다시 찾을 수 있다. 뉴로심볼릭은 뉴럴 네트워크 기반의 패턴 인식 능력(시스템 1)과, 심볼릭 기반의 명시적 규칙과 논리 추론(시스템 2)을 결합한 접근 방식이라고 다시 정의해볼 수 있다. 데이터에서 직관적으로 배운 경험을 바탕으로 유연하게 반응하면서도, 그 반응의 근거를 설명하고, 논리적으로 조정할 수 있는 능력. 그것이 뉴로심볼릭이 지향하는 궁극적인 지능이다.

사람처럼 생각하는 AI를 만든다는 것은, 단지 말하는 기계를 만드는 일이 아니다. 그것은 직관과 논리, 경험과 원칙, 반응과 숙고, 운영과 전략, 데이터와 규칙 사이의 균형을 설계하는 일이다. 그리고 그 출발점은 시스템 1과 시스템 2라는 인간 사고의 이중 구조를 이해하는 데 있다. AI의 진짜 미래는 그 균형을 얼마나 정교하게 구현해내는

가에 달려 있다. 데이터 중심 AI는 애초부터 그 반만 표현하고 있는 셈이다.

복잡한 것을 단순하게, 단순화된 것을 심도있게

뉴로심볼릭AI의 학습 과정을 더 일반적으로 정리해 보면, "복잡하고 비정형적인 내용을 단순화하는 과정", "그 단순화된 내용을 기반으로 심도 있는 사고를 확장하는 과정" 그리고 마지막으로, '단순화의 한계를 인지하고 더 많은 복잡성을 표현하기 위해 단순화한 내용을 업그레이드하는 과정'으로 나눌 수 있다. 첫 번째 과정은 많은 대화 내용을 영문법으로 정리하는 단계라고 볼 수 있다. 쉽게 말해, 문법책 저자들이 문법책을 만드는 과정이다. 이들은 엄청난 양의 예문과 사례를 분석하고, 그 안에 존재하는 최소한의 규칙을 정리해 낸다. 이러한 과정 덕분에 우리는 듣고 이해하는 수준을 넘어, '한번도 본적이 없는 새로운 문장'을 스스로 만들어낼 수 있는 능력을 갖출 수 있다. 이게 두번째 단계이다. 그리고 마지막으로 최고 고부가치 단계까지 도달하게 되는데, 더 많은 복잡성을 담은 규칙을 기호 체계 형태로 업그레드이드 시키는 일이다.

이 원리를 우리가 일상적으로 생각하는 과정에 대입하면 더욱 명확해진다. 현대 사회에서는 방대한 양의 데이터가 실시간으로 생성되며, 그 형태도 매우 다양하다. 이처럼 복잡하고 다양한 데이터 속에서 핵심적인 의미를 도출하는 것은 쉬운 일이 아니다. 마치 수많은 영어 표현들이 문법책이라는 체계로 정리되듯이, 이러한 복잡한 데이터들을 쉽게 다룰 수 있도록 하는 과정이 필요하다. 이러한 과정이 바로 데이터 기반 뉴로 AI의 특화 영역이다. 이때의 AI는 다양한 데이터 속에서 패턴을 찾고, 이를 구조화하여 일정한 규칙을 도출하는 역할을 수행한다. 그러나 데이터만으로는 완전한 의미를 구성할 수 없기 때문에, 기존의 규칙을 조합하거나 새롭게 설정하는 과정이 함께 이루어져야 한다.

단순히 데이터에서 찾아낸 규칙을 수동적으로 받아들이는 것이 아니라, 기존의 지식과 논리를 결합하여 규칙을 수정하거나 확장하는 과정도 가능하다. 복잡한 것이 믿을 수 있는 수준으로 단순화되면 체계가 생긴다는 것이고, 체계가 있다는 것은 속도가 생기고 쉽게 확장할 수 있기 때문이다. 이 과정은 우리가 나만의 문법책을 만드는 과정에 비유할 수 있는데, 문법책이 정리해 놓은 규칙을 그대로 따르되, 우리가 직접 경험한 영어 표현을 추가하면서 나에게 최적화된 언어 체계를 구축하는 것과 유사하다. 이 원리를 기업의 정보 처리 방식에 적용해 보면, 기업이 보유한 대규모 공정 데이터, 고객 행동 데이터 등을 분석하여 일정한 패턴(규칙)을 도출하는 과정이라고 볼 수 있다. 그러나 기존의 축적된 경영 지식과 경험을 고려하지 않은 AI의 규칙은 신뢰하기 어렵다. 인간의 판단을 결합해 데이터에서 나온 규칙을 조정하는 과정을 거쳐야 최적화된 규칙을 갖게 되는 것이다.

이러한 과정을 거치면, 우리는 데이터 속에 존재하지 않는 새로운 의사결정을 할 수 있게 된다.

AI가 분석한 데이터를 활용하되, 기존의 경험과 논리를 반영하여 새로운 방식으로 적용할 수 있는 능력이 생기는 것이다.

이는 마치 우리가 한 번도 들어본 적 없는 표현을 문법적 지식을 바탕으로 유추하여 말할 수 있는 것과 같다. 심지어는 새로운 문법적 규칙을 만들어내거나, 기존 문법에 예외 사항을 추가할 수도 있다. 결국, 복잡한 데이터를 단순화하고, 단순화된 데이터를 활용하여 심도 있는 사고를 확장하는 과정이 뉴로심볼릭AI 발전의 핵심 원리가 되야 하는 것이다.

그래서, AI 시대에 중요한 것은 단순히 많은 데이터를 학습하는 것이 아니라, 학습된 데이터를 기반으로 명확한 규칙을 구성하는 능력이 되야 한다. 데이터 기반 사고Data driven thinking와 규칙 기반 사고Rule based thinking의 균형이 맞춰질 때, AI는 단순히 과거 패턴을 재현하는 것이 아니라, 새로운 문제를 해결하고, 예측 불가능한 상황에서도 합리적인 판단을 내릴 수 있다.

이는 단순히 AI 기술의 발전을 의미하는 것이 아니라, 인공지능과 인간이 협력하는 방식의 근본적인 변화를 뜻한다. 데이터에 강한 AI와 규칙에 강한 인간이 협업할 수 있는 환경이 되기 때문이다. 결국, 우리가 AI를 어떻게 활용하고 설계할 것인가에 대한 이해가 AI 시대의 경쟁력을 결정할 것이다. 더 좋은 인공지능 처리 칩을 가진 자보다, 더 밀도 있는 전문지식을 가진 사람이 인공지능의 세상에서 성공한다는 의미이기도 하다. 그리고 이를 위해서는 데이터와 규칙을 조화롭게 활용할 수 있는 사고 방식이 필수적이다. 이제 우리는 단순히 AI의 발전을 지켜보는 것이 아니라, AI를 어떻게 설계하고, 어떻게 논리적으로 활용할 것인지에 대한 깊은 고민을 해야 한다. 그것이 AI 시대에 우리가 가져야 할 가장 중요한 역량이다. AI는 '숨겨진 패턴을 발견하는 기계'라는 정의를 넘어, '숨겨진 패턴을 규칙화 하는 기계'라고 정의하는 것이 시작이다.

CLEVR 프로젝트는 스탠퍼드 대학교와 페이스북 AI 리서치 팀이 공동으로 진행한 연구다. 이 연구는 AI가 시각적 질문Visual Question Answering, VQA에 대해 얼마나 논리적 추론을 수행할 수 있는지를 평가하기 위한 데이터셋과 모델을 개발하는 것을 목표로 했다. 기존의 VQA 시스템들은 단순한 패턴 매칭에 의존하는 경우가 많았기 때문에, 연구팀은 AI가 데이터를 분석하는 것뿐만 아니라, 논리적 사고를 수행하도록 하는 방향으로 발전해야 한다는 문제의식을 갖고 이 프로젝트를 수행했다.

특히 이 연구에서는 뉴럴 네트워크(딥러닝) 기반의 비주얼 분석과,

심볼릭 AI 기반의 논리적 추론을 결합하는 방식이 효과적임을 실험적으로 증명했다. CLEVR 프로젝트는 이후 뉴로심볼릭 AI의 대표적인 벤치마크 실험으로 자주 언급되며, 다양한 AI 연구에서 참조되고 있다. 여기에서는 실제 실험 내용을 좀더 단순화해서 그 취지만 살려 이해해 보자.

복잡한 것을 단순하게
- 뉴럴 네트워크 기반 AI의 역할

CLEVR 프로젝트에서 연구원들은 AI에게 먼저 어떤 이미지 속에서 다양한 사물과 그 관계를 인식하는 과정을 테스트하려 했다. 예를 들어, " 이 사진 속 파란 공 왼쪽에 있는 물체는 무엇인가?"라는 질문을 받았을 때, AI는 먼저 이미지 속의 개체들을 파악해야 한다.

하지만 AI에게 이미지란 단순한 픽셀의 집합일 뿐이다. 인간이 본능적으로 "저건 파란 공이고, 저건 정육면체다"라고 구분하는 것과 달리, AI는 처음부터 이러한 개념을 이해하지 못한다. 따라서 AI는 수많은 데이터를 학습하며, 픽셀 패턴을 분석하여 사물들을 개별적인 객체로 구분하고, 색상·크기·위치 등의 속성을 분류하는 과정을 거친다. 이를 통해 AI는 이미지 속 사물들을 구조화된 형태로 정리할 수 있다.

즉, AI는 뉴럴 네트워크를 활용하여 이미지 속 복잡한 정보를 추출하고, 이를 인간이 이해할 수 있는 개념 단위로 단순화하는 작업을 수행한다. 이는 언어 학습에서 우리가 무수한 문장을 듣고 패턴을 익히면서 자연스럽게 문법을 터득하는 과정과 유사하다. AI가 이러한 단순화 과정을 거치지 않는다면, 이후의 확장적 심층 논리 사고 단계로 나아가는 것이 불가능하다.

이 단계에서 AI는 단순히 픽셀을 분석하는 것이 아니라, "이 이미지 속에는 어떤 사물이 있고, 그것들의 관계는 무엇인가?"라는 개념적 수준에서 정보를 정리하는 과정을 수행한다. 이 과정이 없다면 AI는 질문을 이해하는 것조차 어려울 것이다.

단순화된 것을 심도 있게
- 심볼릭 AI의 역할

이미지를 분석한 후에도 AI는 질문에 바로 답을 할 수 없다. 단순히 "이 사진 속에는 파란 공과 정육면체가 있다"는 것을 인식하는 것만으로는 부족하다. 이제 AI는 "파란 공 왼쪽에 있는 물체는 무엇인가?"라는 질문을 논리적으로 해석하고, 분석한 정보를 기반으로 답을 찾아야 한다.

CLEVR 프로젝트에서는 이 과정을 심볼릭 AI가 담당했다. 심볼릭 AI는 질문을 단순한 텍스트로 보는 것이 아니라, 논리적인 구조로 변환하여 이해하는 방식을 사용한다. 이를 위해 AI는 먼저 질문의 의미를 분석한다.

예를 들어, "파란 공 왼쪽에 있는 물체는 무엇인가?"라는 질문을 받았을 때, 심볼릭 AI는 이를 다음과 같이 논리적으로 해석한다.

1. "파란 공"을 먼저 찾아야 한다.
2. "왼쪽에 있는 물체"를 확인해야 한다.
3. 해당 물체의 정체를 파악해야 한다.

이렇게 질문을 논리적 구조로 변환한 후, AI는 앞서 뉴럴 네트워크가 분석한 이미지 데이터를 활용하여 답을 도출한다. 즉, 심볼릭 AI는 뉴럴 네트워크가 단순화한 정보를 바탕으로, 보다 정교한 논리적 추론을 수행하는 역할을 한다.

이 과정이 없다면 AI는 단순히 데이터를 학습한 패턴만을 기반으로 답을 내놓을 뿐, 새로운 질문에 적절히 대응하지 못한다. 예를 들어, AI가 과거에 학습한 데이터 속에서 "파란 공 왼쪽에 정육면체가 있는 경우가 많다"는 패턴을 배웠다면, 심볼릭 AI 없이 단순한 패턴 매칭을 수행하는 AI는 모든 질문에 대해 "정육면체"라고 대답할 수도 있다. 하지만 심볼릭 AI는 실제 이미지 속 데이터를 기반으로 논리적인 판단을 수행하기 때문에, 보다 정확하고 신뢰할 수 있는 답을 도출할 수 있게 된 것이다.

뉴로심볼릭 AI의 조화
- CLEVR 프로젝트가 보여준 것

CLEVR 프로젝트는 AI가 단순히 학습된 패턴을 따라가는 것이 아니라, 데이터 기반 학습과 논리적 추론을 결합함으로써 더 강력한 문제 해결 능력을 가질 수 있다는 사실을 보여주었다.

뉴럴 네트워크만을 활용하는 기존 AI 방식에서는 AI가 학습한 범위를 넘어선 새로운 문제를 해결하는 것이 어렵다. 하지만 심볼릭 AI가 함께 결합되면, AI는 주어진 문제를 논리적으로 분석하고, 체계적으로 답을 도출하는 능력을 갖추게 된다. 즉, 뉴로심볼릭 AI는 "데이터를 통해 복잡한 세상을 단순화하는 능력"과 "그 단순화된 정보를 활용하여 논리적으로 사고하는 능력"을 결합한 형태라고 할 수 있다.

'단순화-심층화' 루프와
지식의 역사

인류가 지식을 축적하고 발전시켜온 과정은 단순한 정보의 집적이 아니었다. 우리는 언제나 세상의 복잡한 현상을 단순화하여 이해하고, 그 단순화된 개념을 바탕으로 더 깊이 있는 사고를 확장하는 방식으로 지식을 발전시켜왔다. 그래서 인공지능 담론을 '단순화와 심층화의 루프loop'라는 관점도 어찌 보면 그렇게 생소한 개념이 아니다. 이 과정은 수학, 과학, 철학, 기술 등 거의 모든 지적 영역에서 반복적으로 나타났기 때문이다.

숫자의 발견과 수학의 발전

고대 인류는 처음부터 숫자를 가지고 있지 않았다. 처음에는 단순히 손가락을 사용해 개수를 세거나, 돌멩이를 옮기며 무언가를 기록했다. 그러나 양을 키우던 목동이 자신이 가진 양의 수를 정확히 파악해야 할 때, 더 체계적인 방법이 필요했다. 단순히 "많다"와 "적다"라는 개념으로는 관리가 어려웠기 때문에, 사람들은 양의 개수를 나타내는 기호를 만들기 시작했다. 이것이 숫자의 탄생이라고 일컬어 지고 있다. 숫자는 인간이 세상의 복잡한 양적 정보를 단순한 기호로 정리한 첫 번째 위대한 발명 중 하나였다. 복잡한 사물의 개수를 하나의 상징으로 표현하면서, 사람들은 한눈에 수량을 파악할 수 있었고, 이를 통해 거래와 기록이 가능하게 되었다.

그러나 숫자를 도입했다고 해서 문제가 모두 해결된 것은 아니었다. 단순한 숫자 세기를 넘어서 더 복잡한 계산이 필요해지면서, 덧셈과 뺄셈, 곱셈과 나눗셈이 등장했고, 나아가 비율과 분수를 이해해야 하는 상황이 발생했다. 수학자들은 이 개념들을 체계적으로 정리하며, 숫자라는 단순한 기호를 활용하여 더욱 심층적인 논리를 확장하기 시작했다. 기하학이 발전하면서 단순한 계산을 넘어 공간과 형태를 다루는 이론이 나왔고, 대수학이 등장하면서 숫자가 단순한 수치가 아니라, 추상적인 관계를 표현하는 도구로 확장되었다.

예를 들면, 허수의 기호적 표현 i는 수학사에서 중요한 전환점을 나타낸다. i는 실수 범위에서 해결할 수 없었던 문제들을 해결할 수 있게 해준 기호로, i의 도입으로 복소수 개념이 발전하였고, 이는 수학적 사고의 범위를 확장시켰다. 특히, 허수는 실제 세계에서 직접적으로 볼 수 없는 개념이지만(즉, 데이터로 기록될 수 없는 개념이지만), 물리학, 전기공학 등 다양한 분야에서 복잡한 현상을 설명하고 예측하는 데 필수적인 도구로 자리잡았다. 허수의 도입은 추상적 사고를 가능하게 하고, 수학이 더 넓은 문제를 해결할 수 있는 능력을 제공하게 만든 중요한 기호적 혁신이었다.

그 후에도, 뉴턴과 라이프니츠는 미적분학을 개발하여 단순한 숫자의 개념을 변화의 개념으로 확장했다. 원래 숫자는 정적인 개념이었지만, 시간이 흐르면서 변하는 양을 설명하기 위해 더 복잡한 개념이 필요했던 것이다. 이렇게 인간은 수를 통해 복잡한 세상을 단순한 방식으로 이해했고, 그 단순화된 개념을 바탕으로 더욱 심층적인 수학적 사고를 확장하며 현대 과학의 기반을 다지게 되었다.

언어의 발전과 문법의 체계화

언어의 발전 과정에서도 동일한 원리가 작용한다. 원시 사회에서 사람들은 단순한 소리와 몸짓으로 의사소통을 했다. 초기의 언어는 체계적인 문법이 없었고, 상황에 따라 달라지는 유동적인 형태였다. 그러나 문명이 발달하면서 사람들이 더욱 정교한 의사소통이 필요해지자, 언어를 보다 체계적으로 정리할 필요성이 생겼다. 사람들은 언어의 구조를 분석하고, 규칙을 정의하며 문법을 체계화하기 시작했다. 언어학자들이 단어와 문장의 관계를 연구하면서, 단순한 대화가 더 정교한 문장으로 발전할 수 있었다. 이것이 복잡한 언어 현상을 단순화하는 과정이었다.

그러나 문법을 단순히 정리하는 것이 끝이 아니었다. 언어가 체계화되면서, 인간은 기존에 존재하지 않던 새로운 개념과 철학을 표현할 수 있는 능력을 갖게 되었다. 예를 들어, 과거에는 단순히 "해가 졌다"라는 말만 사용했지만, 이후에는 "석양이 붉게 이글이글 타오른다"와 같은 표현이 가능해졌다. 시적 언어와 비유적 표현이 등장하면서 인간의 사고는 역으로 자극을 받아 깊어지고, 이를 통해 철학과 문학이 발전했다. 즉, 인간은 언어를 단순화하여 체계적으로 정리한 뒤, 다시 그 언어를 이용해 더 심층적인 사유를 전개하는 방향으로 발전해왔다.

철학의 수량화와 뉴로심볼릭

철학에서 수량화Quantification라는 개념이 등장한 것은 인간 사고의 패러다임을 근본적으로 변화시킨 중요한 혁신이었다. 단순히 세상을 질적으로 묘사하는 것에서 벗어나, 수량화 된 정보로 표현할 수 있도록 만든 전환점이었기 때문이다. 예를 들어, "이 나무는 크다"라는 서술이 "이 나무는 10미터 높이다"로 바뀌는 순간, 우리는 이 나무를 다른 나무들과 비교하고, 성장 패턴을 분석하며, 수학적 규칙을 도출할 수 있게 된다. 고대 철학에서는 세상을 설명하는 방법이 주로 질적인 서술Qualitative Description이었다. 아리스토텔레스는 자연 현상을 논리적으로 설명하려 했지만, 대부분의 개념이 정량적인 기준 없이 경험적이고 감각적인 표현에 의존했다. 예를 들어, "물체가 무거울수록 빨리 떨어진다"는 믿음이 오랫동안 받아들여졌지만, 이 개념이 정량적으로 검증된 것은 아니었다.

수량화 개념을 체계적으로 정립한 인물 중 하나는 바로 피타고라스Pythagoras다. 그는 단순히 수학자라기보다 세상의 본질을 수로 설명할 수 있다고 믿은 철학자였다. 피타고라스 학파는 "만물은 수數로 이루어져 있다"는 명제를 중심으로 사유를 전개했으며, 이를 통해 질적 개념을 정량적 원리로 변환하는 사고 방식을 확립했다.

그의 대표적인 발견 중 하나가 바로 음악의 수학적 원리다. 피타고라스는 실험을 통해 특정한 비율로 현을 나누면 조화로운 소리가 난다는 사실을 발견했다. 예를 들어, 한 현의 길이를 절반으로 줄이면 한 옥타브 높은 음이 나고, 길이를 2:3의 비율로 조절하면 완벽한 다섯 번째 음(완전5도)이 형성된다. 이 실험은 음악이라는 질적 현상이 수학적 관계(비율)로 설명될 수 있다는 것을 증명한 혁신적인 사례였다. 이 개념은 뉴로심볼릭 AI에서 뉴로AI가 데이터 속 패턴을 발견한 후, 이를 심볼릭 AI가 논리적 규칙으로 정리하는 과정과 유사하다고 할 수 있다. 단순한 경험적 학습이 아니라, 발견된 패턴을 기호화하고, 이를 통해 일반적인 원리를 도출하는 과정이 유사하기 때문이다. 만약 우리가 음악을 비정형화된 소리 형태로만 접했다면 절대 오늘날의 위대한 음악은 나오지 못했을 것이다.

단계	설명	뉴로적 접근의 역할	심볼릭적 접근의 역할
① 다양성 수집 (데이터 확보)	다양한 사례, 경험, 비정형 정보들이 수집됨	대규모 데이터 처리, 패턴 탐지, 임베딩	없음 (초기 정보 수집 단계에서는 규칙 없음)
② 패턴 탐색 및 추정 (유연성)	사례들 사이의 유사점, 경향, 의미있는 조합 등을 찾아냄	유추, 가추, 기반으로 비선형 패턴 인식 신경망 기반의 통계 추론	간접적 참여 - 기존 규칙의 적용 가능성을 사후 검토
③ 구조화 및 규칙화 (규칙성)	의미있는 규칙, 공통 원리, 개념 등을 추출하여 명시적 표현으로 구조화	반복 학습을 통한 규칙 후보군 발굴 가능성	명시적 규칙 정리 지식 그래프, 규칙 기반 추론 모듈 생성
④ 규칙 검증 및 예외 탐지 (동적 업데이트)	기존 규칙에 어긋나는 사례를 분석하여 규칙 수정 또는 분화	새로운 사례 탐지, 규칙의 적용 실패 시그널 감지	규칙 충돌 감지, 예외 처리 조건 추가, 규칙 재구성
⑤ 응용 및 확산	규칙을 다양한 상황에 적용, 의사결정 및 문제해결에 활용	실시간 데이터 기반 추론, 예측, 보완 정보 추천	설명 가능한 추론 경로 제공, 논리적 정합성 점검, 설득 논리 제공

5단계의 뉴로심볼릭 루프loop는 비단 인공지능뿐만 아니라 많은 지식영역에서 있어왔던 현상들과 비슷하다. 5단계 이후 다시 1단계로 이어지며 더 높은 수준의 학습 능력과 논리적 설명력을 갖게 되는 게 뉴로심볼릭 루프이다.

실제로 뉴로심볼릭을 주장하는 많은 과학자들은 자신들에 대한 비판에 대해 철학이 수학을 낳는 과정을 빗대어 많이 설명한다. 인간의 뇌에는 본질적으로 수학적 기호가 없지만, 우리는 그런 다양한 기호를 통해 더 많은 문제해결을 하고 있지 않느냐고 말이다. 피타고라스의 철학적 혁신은 단순한 패턴 인식을 넘어, 기호와 수학을 통해 세상을 논리적으로 설명할 수 있도록 만든 과정이었다. 뉴로심볼릭 AI가 데이터 중심 AI를 보완하는 방식도 본질적으로 동일하다. 그래서 뉴로심볼릭 AI는 단순히 인공지능을 다루는 하나의 기술방법론이 아닌, 기술 철학적 전환이라고도 볼 수 있다. 원래 우리가 그렇기 때문이다.

복잡한 것을 규칙화 하고 규칙을 바탕으로 심층 추론하며, 규칙 기반 심층 추론이 벽을 만났을 때 다시 유연한 관찰을 중요하게 생각하는 뉴로심볼릭적 지식 순환은 여러 다른 학문에서도 살펴볼 수 있다.

예술

단계	설명	지식 방식
① 다양성 수집	다양한 표현 방식, 매체, 문화 전통	경험 기반
② 패턴 탐색	미적 감각의 반복, 구도/색체의 경향성	유추적 인식
③ 규칙화	구성 원리(비율, 색채이론 등), 미학 이론 정립	연역적 형식화

단계	설명	지식 방식
④ 검증 및 업데이트	아방가르드, 모더니즘, 포스트모더니즘 등	실험, 해체
⑤ 응용 확산	디자인, 대중예술, 영상, 광고 등으로 확산	실천적 응용

음악

단계	설명	지식 방식
① 다양성 수집	민요, 종교음악, 대중음악 등 음향 다양성	감각적 경험
② 패턴 탐색	리듬, 화성, 멜로디 구조의 유사성	귀납 + 유추
③ 규칙화	조성, 화성학, 작곡법, 음계 이론	논리적 구성
④ 검증 및 업데이트	현대음악, 무조음악, 디지털 사운드 실험	이론 재구성
⑤ 응용 확산	영화음악, 게임, 사운드테라피 등	실용적 확장

생물학

단계	설명	지식 방식
① 다양성 수집	생물종 관찰, 해부, 생태계 기록	관찰, 기록
② 패턴 탐색	유전, 진화, 상호작용 패턴 파악	귀납적 추론
③ 규칙화	유전자 이론, 진화 이론, 세포 이론	연역적 설명

단계	설명	지식 방식
④ 검증 및 업데이트	CRISPR, 진화심리학 등 최신 연구 반영	실험/반증
⑤ 응용 확산	생명공학, 의학, 환경 보호 등	사회적 적용

▓ 물리학

단계	설명	지식 방식
① 다양성 수집	자연 현상 관찰: 낙하, 마찰, 별빛 등	경험 기반
② 패턴 탐색	운동 법칙, 전기-자기 상호작용 등	귀납 + 유추
③ 규칙화	뉴턴역학, 전자기학, 양자역학 등	수리적 연역
④ 검증 및 업데이트	상대성 이론, 입자물리학, 다중우주 가설	실험과 재정의
⑤ 응용 확산	IT, 항공우주, 반도체, 의료기기 등	기술화 확산

▓ 정치학의 지식 루프

단계	설명	지식 방식
① 다양성 수집	다양한 정치체제 관찰 (왕정, 공화정, 민주정 등)	경험 기반
② 패턴 탐색	권력 구조와 행동의 반복적 경향성 파악	귀납 + 유추
③ 규칙화	정치철학과 제도화(삼권분립, 헌정 구조 등)	연혁, 형식화

④ 검증 및 업데이트	제도 개선, 새로운 이론 등장 (시민참여, 정체성 정치 등)	반증, 재구성
⑤ 응용 확산	법/제도/외교/시민사회에 확산, 새로운 현상 유도	실천적 응용

▒ 경제학의 지식루프

단계	설명	지식 방식
① 다양성 수집	현실 경제현상 관찰	경험 기반
② 패턴 탐색	수요-공급 같은 경향성 발견	귀납 + 유추
③ 규칙화	경제 이론 수립, 모델링	연역적 구조화
④ 검증 및 업데이트	한계 지적, 새 패러다임 등장	반증/재구성
⑤ 응용 확산	정책, 예측, 경영 활용	실용적 확장

자동 규칙 업데이트:
뉴로심볼릭 AI 장점의 최정점

앞서 설명한 '단순화 – 심층화 루프'는 비단 한 학문의 내부에서만 일어나는 고립된 현상이 아니다. 때로는 학문과 학문 간의 경계를 넘나드는 거시적 수준에서도 반복적으로 나타나며, 그렇게 나타난 결과물이 바로 오늘날 우리가 경험하는 지적 성과들이다. 이를 가장 잘 보여주는 예가 철학에서 수학으로, 다시 수학에서 통계학으로 이어지는 일련의 루프다.

앞서 잠깐 설명한대로, 철학은 본래 질적이고 직관적인 문제를 탐구했다. 예를 들어, '왜 존재하는가', '무엇이 옳은가'와 같은 질문이 그랬다. 그런데 피타고라스를 비롯한 고대 철학자들이 등장하면서 철학적 탐구가 수적 기호를 이용하여 논리적으로 전개되기 시작했다. 이는 복잡하고 모호한 세계를 수학적 기호로 단순화한 결정적 전환점이었다. 그리고 이렇게 형성된 수학이라는 학문은 시간이 흘러 다시 통계학이라는 학문으로 발전하면서, 현실의 불확실성을 정량적으로 분석하고 예측하는 새로운 심층화의 단계를 맞이했다. 즉, 철학의 직관이 수학의 논리적 구조화를 낳고, 수학적 논리구조는 다시 현실의 불확실성을 다루는 통계적 분석으로 발전해 나가는 거대한 연관을 보이고 있다. 철학과 수학 사이에 단순화가 있고, 수학과 통계학 사이에 유연성을 위한 단순화의 진화를 찾아볼 수 있는 것이다.

이렇게 발생한 철학-수학-통계학이라는 학문간 단순화-심층화 루프는, 본질적으로 소규모 데이터에 기반하여 사람이 손으로 작성하고 검증해야 하는 방식이었다. 즉, 개념의 단순화 및 심층화를 이루기 위해 학자들이 직접 규칙을 세우고, 규칙을 수정하며 더 나은 설명과 예측 모델을 만들어냈던 것이다.

그런데 AI의 등장 이후의 학문간 단순화-심층화 루프는 2가지 관점에서 혁신적인 시대를 맞이하게 되었다. 이 시대에는 모든 학문 영역들이 서로 융합되고, 더욱 빠르고 깊이 있게 '단순화-심층화'를 이루게 되었다. 바로 여기서 1기(철학-수학-통계학 루프)와 2기(인공지능에 의한 다양한 학문간 루프)를 구별하는 결정적 차이가 생긴다. 소규모 데이터를 넘어 대규모 데이터도 한번에 단순화 시킬 수 있다는 점, 그리고 기호로 단순화된 지식을 자동으로 업그레이드할 수 있다는 두가지가 핵심이다. 이로 인해, 지식의 유연성과 명확성을 동시에 추구하게 되었고, 이는 인공지능이 인류 지식사에 미친 아마도 가장 강력한 혜택일수도 있겠다.

이때, 자동 규칙 업데이트가 바로 뉴로심볼릭 AI가 가진 혁신의 최정점이다. 일상적인 예를 통해 이 혁신성을 좀 더 명확히 이해해 보자. 가령 은행에서 자동 대출 심사 시스템을 운영한다고 생각해보자. 기존의 시스템은 심사 전문가들이 미리 정의해 놓은 명확한 규칙에 따라 작동한다. 예컨대 "신용점수가 800점 이상이고, 최근 3년간 연체 이력이 없는 사람에게만 자동으로 대출을 승인하라"와 같은 방식이다. 이런 규칙 기반 시스템은 매우 명확하고, 투명하며, 일관된 결과를 제공하지만, 환경이 바뀌거나 새로운 형태의 금융 상품이 등장하면 전문가가 직접 수작업으로 규칙을 수정해야 한다.

반면, 뉴로심볼릭 AI가 적용된 자동 규칙 업데이트 시스템은 대출 신청자의 과거 금융 데이터를 뉴럴 네트워크가 학습하여 숨겨진 패턴을 발견하고, 이로부터 새로운 규칙을 심볼릭 형태로 자동으로 도출한다. 예를 들면 다음과 같다.

"최근 1년간 소득 증가율이 15% 이상이면서 부채 상환률이 30% 이하인 경우, 신용점수가 750점만 넘더라도 추가 심사 없이 대출을 승인해도 된다"는 식이다.

이러한 규칙은 뉴럴 네트워크가 찾아낸 통계적 패턴(뉴로적 접근)을 명확한 논리 구조와 조건을 가진 규칙 형태(심볼릭 접근)로 변환한 것이다. 여기서 중요한 것은, 이렇게 만들어진 규칙은 인간이 쉽게 해석하고 필요할 경우 명시적으로 조정하거나 개선할 수 있다는 점이다.

또한, 새로운 데이터가 계속 추가되면서 뉴럴 네트워크는 주기적으로 심볼릭 규칙을 재검토하고 자동으로 개선된 규칙으로 업데이트해준다.

좀더 전문적인 영역의 예를 들어보자. 로봇공학이다. 최근 로봇 제어에서는 두 가지 방법이 주로 사용된다. 첫 번째는 심볼릭 방식이다. 이는 로봇의 움직임을 미리 만든 규칙과 정확한 물리 법칙을 따라 움직이게 하는 방식이다. 콴타매거진quantamagazine.org의 한 사설에 따르면 보스턴 다이내믹스의 인간형 로봇 아틀라스Atlas나 로봇개 스팟Spot은 딥러닝 같은 방식보다는 정확한 물리 법칙과 미리 설계된 움직임 규칙을 사용하여 정교하게 움직인다고 알려져 있다. 실제로 초창기 보스턴 다이내믹스는 기계학습을 거의 쓰지 않고, 정확한 설계와 계산된 움직임 규칙을 바탕으로 로봇을 움직이게 했다.

두 번째는 뉴로 방식인데, 이는 많은 데이터를 로봇에게 학습시켜 로봇이 경험적으로 유연하게 움직이게 하는 방식이다. 하지만 이 방식은 로봇이 경험하지 못한 새로운 환경에서는 원하는 성능을 내지 못하는 경우가 많다. 실제로, 복잡한 퍼즐 문제를 푸는 로봇 연구에서 강화학습 방식으로 학습한 로봇은 충분한 경험이 없을 때 실패한 반면, 심볼릭 방식으로 계획한 로봇은 언제나 정확한 해결책을 찾았다.

이제 뉴로심볼릭 AI는 이 두 가지 방법을 하나로 합친다. 예를 들어 창고에서 일하는 로봇은 다양한 장애물 데이터를 학습(뉴로 방식)하여 장애물을 쉽게 피하는 방법을 스스로 터득한다. 그런 다음 로봇이 터득한 효율적인 움직임을 다시 명확한 규칙(심볼릭 방식)으로 바꿔서 저장한다. 예컨대 "이런 모양의 장애물이 이 거리 안에 있으면 항상 이렇게 움직여라" 같은 규칙이다.

이렇게 하면 로봇은 직관적으로 움직이면서도 정확하고 믿을 수 있는 규칙을 계속 업데이트할 수 있다. 결과적으로 뉴로심볼릭 방식은 로봇이 직관적으로 배운 경험과 명확한 규칙의 장점을 동시에 활용하게 만든다. 이것이 뉴로심볼릭 AI가 가진 가장 큰 혁신이다.

이러한 방식은 단순히 데이터를 분석하는 것이 아니라, 기호적인 의미를 자동으로 도출하고, 이 기호를 기반으로 변화하는 시장이나 고객의 감정을 즉각적으로 반영하여 규칙을 업데이트한다. 기존의 시스템이 미리 설정된 기준에 갇혀 있었던 것에 비해, 뉴로심볼릭 AI는 인간의 직관과 감정이 반영된 기호적 규칙을 자동으로 생성하고 개선하며, 실시간으로 최적화된 대응을 제공할 수 있다.

이 두 가지 사례에서 보듯이, 자동 규칙 업데이트는 방대한 데이터를 논리적 규칙으로 자동으로 변환하고, 또다시 변화된 데이터를 즉각적으로 반영하여 규칙을 새롭게 재구성하는 과정을 반복한다. 만약 우리가 인공지능을 단지 데이터에서 패턴을 찾아주는 기계로만 이해한다면, 뉴로심볼릭이 창출하는 이 혁신적 가치를 놓치고 말 것이다.

데이터에만 의존할 때보다 데이터와 기호체계를 혼용하여 규칙을 업데이트 하면 더 좋은 근본적인 이유는, 기호적 규칙이 명확한 논리적 구조를 제공하면서도 동적으로 변화하는 데이터를 효율적으로 반영할 수 있다는 데에 있다. 뉴럴 네트워크는 데이터에서 패턴을 학습하는 데 강력하지만, 기호적 규칙은 그 패턴을 명확한 논리적 규칙으로 변환하고, 이 규칙을 자동으로 업데이트할 수 있어 더 유연하고 해석 가능한 시스템을 만들기 때문이다. 즉, 기계가 학습한 결과를 인간이 이해할 수 있는 방식으로 적용할 수 있어, 문제 해결의 투명성과 적응력을 동시에 높일 수 있는 것이다.

그래서 자동 규칙 업데이트의 힘은 '인공지능이 만든' 단순화 심층화 루프 지식 시대에 우리가 누릴 수 있는 가장 높은 수준의 부가가치다. 데이터를 자동으로 이해하고, 이해한 것을 즉시 규칙으로 반영하여, 현실의 변화에 끊임없이 대응하며 지식을 심화하는 이 새로운 패러다임은 이미 우리의 일상과 비즈니스에서 실현되고 있다. 여기서 더 나아가, 그런 기호체계에서 새로운 수량적 특성들을 뽑아내 또 다른 데이터 흐름을 만들어 낼 수 있기 때문에 더 파생된 지식의 거대한 진화를 거듭 할 수 있다. 기호도 모이면 패턴이 되기 때문이다. 마치 우리가 MBTI로 사람의 복잡성을 단순화했고, 그 MBTI만으로 또다른 통계를 만들어 내듯 말이다. 그래서, 이것이 바로 뉴로심볼릭 AI가 가진 본질적이고 혁신적인 가치인 것이다.

심볼릭 사고의 매력:
현상의 기호적 이해

'단순화하고 체계화되면 더 심층 사고가 가능해진다'는 말이 모호하게 느껴졌을 것 같다. 대규모 데이터를 화려한 인공지능 기법으로 풀어내는 게 심층이 아니라, 따질 수 있는 걸 다각도로 따져서 그간에 못했던 생각을 해내고 그 과정에서 자연스러운 확신을 갖게 되는 것이 심층이다. 따질 수 있다는 것은 새로운 발견, 의심, 의식의 확장들을 더 용이하게 한다는 말이다. 앞서 설명한대로, 데이터 기반 뉴로적 접근은 '왜 답이 그렇게 나왔지?'를 설명하는데 한계가 있다. 치명적인 약점이다. 그러니, 생각보다 중요한 의사결정에 잘 쓰이질 않는다. 의사결정자들은 아무리 그럴싸한 결과도 설명하지 못하면 불안해하기 때문이다. 설사 뉴로적 접근으로 의사결정하는데 문제가 없다고 하더라도 이를 심볼릭으로 표현하면 확실히 논의의 밀도를 높이고 의사결정의 재현성을 높일 수 있다. 지식의 확장은 비정형 데이터를 많이 모아두는 것보다, 지식을 표준화하고 규칙화 했을 때 본격적으로 이뤄지기 때문이다. 그래서 규칙화는 확장과 깊은 관련이 있다. 모래는 아무리 많아도 거대한 성을 짓는데 한계가 있지만, 레고 블록은 안정적으로 더 큰 성을 지을 수 있는 것처럼 말이다.

그럼 왜 뉴로심볼릭적 접근이 본질적으로 심층탐색과 지식 확장에 더 유익하다는 것인지 단순화된 예시를 통해 살펴보자. 데이터 과학은 현상과 현상 간 관계를 다루기 때문에 여기서는 현상을 동그라미로, 그 현상 간의 관계를 화살표로 표시한 심볼(기호)을 사용해 보겠다. 기호화 방법은 분야마다 다를 수 있으나, 이런 방식의 기회화는 데이터 과학에서 가장 많이 사용하는 방식 중 하나이다.

사례의 주제는 출산율이다. 출산율이 낮아지고 있다는 것은 이제 놀라운 뉴스가 아니다. 많은 나라들이 출산율(Y)을 높이기 위해 다양한 정책을 고민하고 있다. 소득 수준(X_1), 연령(X_2), 교육 수준(X_3), 주거 환경(X_4), 육아 지원(X_5) 등 여러 요소들이 출산율에 영향을 미칠 것이라고 직관적으로 생각할 수 있다.

뉴로적 접근

뉴로적 접근에서는 우리가 가진 데이터를 이용해 출산율(Y)과 여러 변수(X1, X2, X3…) 사이의 관계를 학습하는 뉴럴 네트워크 모델을 만들 수 있다. 즉, 출산율(Y)에 영향을 미칠 것 같은 다양한 변수를 입력(X)으로 넣고, 그 변수가 출산율에 얼마나 기여하는지를 파악하려 한다. 이 방식에서는 모든 X들이 출산율(Y)에 영향을 주는 일목요연하지만 단순한 상관관계 모델이 만들어진다.

예를 들어:
소득(X1)이 높을수록 출산율(Y)이 올라갈까?
연령(X2)이 증가하면 출산율(Y)이 낮아질까?
교육 수준(X3)이 높을수록 출산율(Y)이 낮아질까?

이러한 관계를 찾기 위해 AI는 과거 데이터를 학습하고, 패턴을 찾아낸다. 예를 들어, AI가 데이터를 분석한 결과 "소득이 높을수록 출산율이 낮아진다"는 패턴을 발견했다고 하자. 그러면 우리는 이렇게 해석할 수 있다. "그렇다면 소득 보전 정책을 통해 출산 장려 정책을 집중적으로 펼치는 것이 효과적이겠군!" 하지만 여기에는 문제가 있다. 소득(X1)과 출산율(Y)의 관계는 정말 단순한 직선형일까? 아니면 이 안에 더 복잡한 연결 고리가 존재할까? 뉴로적 접근은 단순한 패턴을 찾아낼 수는 있지만, 그 패턴이 왜 그런지 설명하는 데 한계가 있다.

뉴로심볼릭적 접근

뉴로적 접근이 출산율을 분석하는 방식은 주어진 데이터를 학습하여 변수들 간의 관계를 찾아내는 것이다. 이 방식에서는 소득 수준(X1), 연령(X2), 교육 수준(X3) 등 여러 요소를 동일한 선상에 놓고 출산율(Y)과의 관계를 측정한다. 즉, Y를 목표 변수로 설정하고 여러 X 변수들을 병렬적으로 비교하여, 각각이 Y에 미치는 영향을 학습하는 방식이다. 반면, 뉴로심볼릭적 접근은 이러한 변수들 간의 관계를 기호적으로 표현하고, 그 구조를 해석하여 보다 근본적인 원리를 의심하고 정립하는데 도움을 준다. 단순한 상관관계를 넘어, 어떤 변수가 원인이 되고 어떤 변수가 결과인지, 변수들 사이에 숨어 있는 중간 기제가 무엇인지 등을 구조적으로 탐구하는 것이다. 출산율에 영향을 미치는 요소들은 독립적인 것이 아니라 복잡하게 얽혀 있으며, 단순한 데이터 패턴 분석만으로는 그 관계를 완전히 이해하기 어렵다.

이러한 접근 방식의 차이는 현실 세계를 바라보는 시각에서도 드러난다. 세상은 뉴로적 접근처럼 모든 변수가 독립적으로 Y에 정렬되어 영향을 미치는 것이 아니라, 서로 얽히고설킨 구조를 이루고 있다. 변수들은 단순한 직선형 관계가 아니라, 서로 피드백을 주고받으며 변화하는 동적인 구조를 가진다. 뉴로적 접근은 이런 복잡한 환경에서 Y에 가장 큰 영향을 미치는 X를 빠르게 찾아내는 데 유리하지만, 그 과정에서 우리는 변수들 간의 보다 근본적인 관계를 놓치게 될 위험이 있다.

뉴로적 접근을 심볼릭적으로 표현하면 이와 같게 된다. 우리의 관심사 Y를 기준으로 우리가 고려해야 할 X들이 일목요연하게 정리하여 뭔가 그럴듯해 보이지만, 세상은 실제 이런 구조로 작동하지 않는다는 걸 알아야 한다.

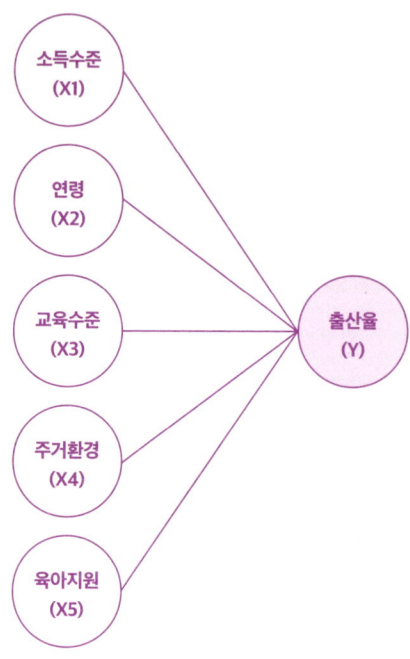

이러한 문제는 실제 머신러닝 실무에서도 자주 발생한다. 분석을 통해 특정 변수와 결과 간의 상관관계를 밝혀낼 수는 있지만, 이 관계가 왜 존재하는지 설명하지 못하는 경우가 빈번하다. 데이터를 분석하고도 그 결과가 어떤 논리적 원리에 의해 발생했는지 이해하지 못하면, 분석은 그저 수치상의 패턴을 확인하는 데 그칠 뿐이다. 즉, "분석은 많이 했지만, 이치를 따지지는 못하는 상황"에 빠지는 것이다.

가령, 여러분의 친구가 "소득 수준(X1)이 출산율(Y)을 결정한다"고 주장했다고 가정하자. 이 주장은 소득이 높아질수록 출산율이 증가한다는 데이터에 기반한 것이다. 그렇다면 우리는 이 결론을 그대로 받아들여야 할까?

그러던 중 여러분은 출산율과 연령(X2) 사이의 관계가 강하다는 또 다른 데이터를 접하게 된다. 출산율이 단순히 소득(X1)에 의해 결정되는 것이 아니라, 연령(X2)과도 밀접한 관련이 있다는 것이다. 이를 규칙으로 단순화하고 기호적으로 정리하면, 연령(X2)은 출산율(Y)에 직접적인 영향을 미치는 변수일 가능성이 크며, 따라서 소득(X1)이 출산율(Y)에 미치는 영향이 단순히 직선형 관계로 설명될 수 없음을 의미한다.

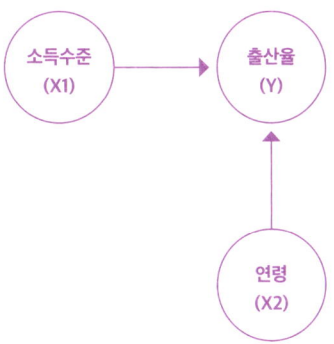

단순히 직선 관계로 설명할 수 없다는 것은 각 현상들이 가진 역할을 따져봐야 한다는 것이다. 예를 들어, 소득수준(X1)과 연령(X2)의

관계를 알지 못하지만, X2가 출산율(Y)와 관련이 있다는 게 제시되었다면, 소득수준(X1)과 출산율(Y)와의 관계를 주장하던 사람에겐 어떤 영향을 미칠까? 정답은 그 주장은 약화된다. 왜냐하면 소득수준(X1)이 없어도 출산율(Y)를 설명할 수 있는 또다른 현상인 연령(X2)가 등장했다는 것은 소득수준(X1)만을 가지고, 출산율(Y)를 설명하려는 주장은 '그게 다가 아냐.'라는 의심에 직면할 수 있기 때문이다. 여기서 중요한 건 소득수준(X1)과 출산율(Y) 데이터 값은 변한 적이 없음에도 연령(X2)의 등장이 구조적으로 주장의 해석에 대한 새로운 양상을 만들어 냈다는 점이다.

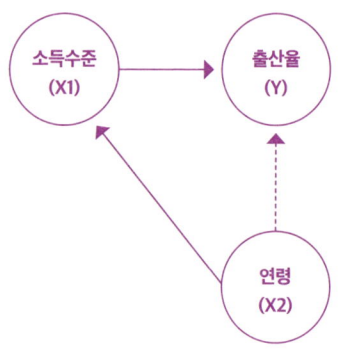

이제 여기서 또 다른 경우를 생각해 보자. 만약 출산율과 연령 사이의 관계를 알 수 없고, 소득과 출산율의 관계는 여전히 유효해 보이는 상황이다. 이때, 소득(X1)과 연령(X2)이 서로 독립적인 관계라면, 하지만 만약 소득(X1)과 연령(X2) 사이에도 강한 관계가 존재한다면, 이야기는 달라진다. 즉, 연령(X2)이 소득(X1)에 영향을 미치고, 소득

(X1)이 다시 출산율(Y)에 영향을 준다면, 우리는 소득이 출산율을 결정하는 독립적인 변수가 아니라, 연령의 영향을 매개하는 역할을 한다고 볼 수 있다. 이 경우에도 소득과 출산의 관계를 중요하게 생각하는 사람의 주장은 약화된다.

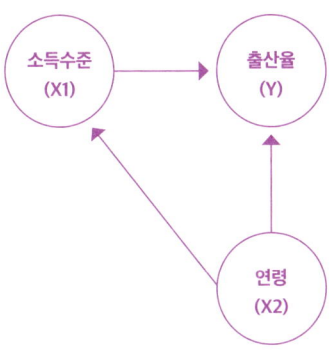

만약, 이 상황에서 다시 연령(X2)가 출산율(Y)에 강한 영향을 미친다는 사실마저 밝혀진다면, 기존의 주장(소득이 출산율을 결정한다)은 다시 한번 약화될 수밖에 없다. 연령과 출산율의 관계가 명확해지고, 연령이 소득과도 강한 상관관계를 가진다면, 출산율과 소득의 관계는 연령이 만들어낸 착시 효과일 수도 있다는 의심이 생길 수도 있기 때문이다. 즉, 소득(X1)과 출산율(Y)의 관계는 독립적으로 존재하는 것이 아니라, 연령(X2)이라는 소득과 출산율에 미치는 영향이 워낙 커서 마치 소득과 출산이 데이터 상으로는 관계가 밀접한 것으로 나오는 것일수도 있다는 것이다.

여기서 심볼릭이 가진 매력이 드러난다. 뉴로심볼릭적 접근을 통해 변수들 간의 체계적 구조를 고려하면 더 많은 쟁점과 상황판단능력, 나아가 더 명확한 문제해결 방안과 이 모든 과정에서 반복되는 원리를 찾는데 큰 도움이 된다. 바로, 따짐의 미학이고 인식의 확장이다. 기호적으로 변수를 구조화하고, 그 속에서 단순한 패턴이 아니라 보다 근본적인 인과관계를 탐구하는 과정을 통해, 우리는 보다 정교한 해석과 의미 있는 통찰을 얻을 수 있다. 뉴로적 접근이 강력한 데이터 학습 능력을 가지고 있다면, 뉴로심볼릭적 접근은 그러한 학습 결과를 논리적으로 해석하고 의미 있는 원리를 도출하는 데 초점을 맞추므로 가능한 결과인 것이다. 혹시 이런 따짐을 하기 싫어서 데이터 기반 의사결정을 하는 게 아니냐 반문하고 싶다면 이미 그 사람은 미래 고급 의사결정자에서 멀어지고 있는 것이다. 미래의 고급 의사결정자들은 데이터의 패턴과 그 안의 규칙을 모두 보는 사람들의 것일 것이기 때문이다. 실제로 최근 데이터 과학분야에서도 이런 기호적 정립을 통한 데이터 분석의 설명성 및 명확성 제고를 활발히 전개하고 있다.

심볼릭 사고의 매력: 언어의 기호적 이해

일상에서 우리는 종종 정보를 이해하거나 결정을 내릴 때 직관적이고 언어적인 방식으로 접근한다. 예를 들어 누군가가 "어제 비가 많이 왔으니 오늘 우산을 챙겨라"라고 말하면, 우리는 그 문장을 바로 이해하고, 그에 맞춰 행동한다. 이는 매우 직관적이고 즉각적인 반응이지만, 더 복잡한 상황에서 더 깊은 이해가 필요하다면 그 직관적 접근은 한계에 부딪힐 수 있다. 말과 글도 단순 기호화하고 체계적으로 분석하면 높은 수준의 판단능력을 갖게 된다. 우리는 모호한 말과 글 때문에 수많은 오판을 하고 있기 때문이다. 그럼 데이터과학에 이어 자연어처리분야에서는 기호가 어떤 매력을 가질 수 있는지 간략히 알아보자.

대학생과 교수가 컨설팅 회사의 인기에 대해 이야기를 나누고 있었다. "요즘 취업준비생들 사이에서는 컨설팅 회사의 인기가 점점 올라가고 있어요." 교수가 물었다. "왜죠?" 학생은 대답했다. "들어가긴 힘들지만, 일단 들어가면 비교적 안정적인 직업이라고들 생각하는 것 같아요." 교수는 고개를 갸웃하며 말했다. "실제로 컨설팅 회사에서 일하는 걸 보면, 대기업이나 공무원보다 일을 잘하냐 못하냐에 따라 성과 격차가 훨씬 커요. 저성과자라고 낙인 찍히면 그만큼 버티기 힘들죠. 그런데도 안정적이라고 볼 수 있나요?"

학생은 말을 잇지 못하고 잠시 침묵했다. 사실 이 대화는 '안정성'이라는 같은 단어가 서로 다른 의미로 사용된 것에서 비롯된 착오였다. 학생에게 '안정성'이란, 외부적인 직업 안정성을 의미한다. 쉽게 해고되지 않고, 자동화에 의해 대체되기 어려우며, 이직 시에도 경력이 높게 평가받는 직무라는 의미이다.

반면 교수는 내부적인 성과 안정성, 즉 동일한 직무 내에서도 성과에 따라 개인의 생존 여부나 커리어가 급격히 갈리는 경쟁적 구조를 말하고 있었다. 이처럼 단어는 같지만 의미는 전혀 다른 경우, 인간 사이에서도 대화의 단절이나 오해가 쉽게 발생한다. 이 문제는 단순한 정보 전달의 실패가 아니라, 관점의 충돌로 인한 사고의 엇갈림이다.

이 문제를 뉴로심볼릭 AI는 어떻게 해결할 수 있을까? 기존의 딥러닝 기반 AI는 주어진 문맥을 확률적으로 분석할 수는 있지만, '안정성'이라는 단어가 문장마다 어떤 의미로 사용되었는지 논리적으로 식별하고 대조하는 데에는 한계가 있다. 그러나 뉴로심볼릭 AI는 이 문제를 다음과 같은 방식으로 해결할 수 있다. 예를 들면, 심볼릭 구조로 의미 정의하는 것인데, '안정성'이라는 단어를 [Stability_A: 외부적 직업 안정성 (고용, 자동화, 커리어 지속성)]으로 [Stability_B: 내부적 성과 안정성 (성과 편차, 경쟁 구조)]와 같이 사전에 구분하고 논리적으로 정의하는 것이다. 이후, 문맥에 따라 의미 분류하면 되는데, "요즘 취준생들", "들어가기 힘들다", "안정적이다"는 표현이 함께 쓰인다면 → Stability_A일 가능성이 높다고 판단하고, "성과 편차가 크다", "일을 잘하냐 못하냐에 따라 다르다"는 표현은 → Stability_B에 가까운 의미로 해석하여 의미구분을 더 높이는 것이다. 심볼화에 규칙, 맥락파악에 뉴로적 접근이 골고루 쓰였다는 걸 알 수 있다.

이런 방식으로라면, 우리는 우리가 사용하는 거의 모든 단어, 문장, 또는 그들간의 관계를 논리기호로 표현할 수 있고, 높은 수준의 정확한 언어 구사가 가능한 인공지능을 만들 수 있다. 자연어를 기호화하여 더 높은 부가가치를 얻는 경우를 좀더 살펴보자.

"비가 많이 왔으니 오늘 우산을 챙겨라"는 명령을 듣고, 우리는 "오늘 우산을 챙겨야 한다"는 행동을 한다. 이 경우, 우리가 사고하는 방식은 매우 직관적이고 일상적인 언어적 이해이다. 하지만 이 간단한 명령은 실제로 여러 조건과 변수가 포함된 하나의 규칙일 수 있다.

기호화 된 이해

이제 위의 문장을 명제논리를 통해 기호화 하여 더 정교하게 분석해보자. 명제논리는 참/거짓을 기준으로 정보를 표현하며, 논리적 연산자(AND, OR, NOT, IFTHEN 등)를 사용하여 복잡한 상황을 명확하게 정의한다.

P: "어제 비가 많이 왔다"
Q: "오늘 우산을 챙겨야 한다"
이 문장을 조건문으로 표현할 수 있다:
P → Q
(만약 어제 비가 많이 왔으면, 오늘 우산을 챙겨야 한다.)

이제 명제논리에서는 이 규칙을 더 복잡한 조건과 관계로 확장할 수 있다. 예를 들어, "오늘 비가 올 확률이 70%일 경우 우산을 챙겨야 한다"는 조건을 추가한다고 해보자.

R: "오늘 비가 올 확률이 70% 이상이다"
우리는 이렇게 표현할 수 있다:
$(P \land R) \to S$
(어제 비가 많이 왔고, 오늘 비가 올 확률이 70% 이상이라면, 우산을 챙겨야 한다.)

이렇게 기호화 된 형태는 우리가 정보를 더 정확히 정의하고 복잡한 조건을 다룰 수 있게 해준다. 이 과정에서 정보의 정확성을 높이고, 다양한 변수를 체계적으로 분석하는 데 유용하다.

복잡한 예시: 경제 상황 분석

이제 이 기법을 실제 경제 상황에 적용해보자. 예를 들어 주식 시장에서 특정 종목을 사고 팔 때, 다양한 경제 지표를 고려해야 한다. 단순히 "이 종목은 잘 될 것이다"라는 직관적 판단을 넘어서, 기호적 사고를 통해 더 정확하게 시장을 분석할 수 있다.

가령, 주식 투자에서 중요한 요소를 다음과 같이 정의할 수 있다:

    P: "경제 성장률이 2% 이상이다"

    Q: "기업의 수익이 증가한다"

    R: "기업의 주가는 상승한다"

이 상황을 명제논리로 기호화 하면:

$$(P \land Q) \to R$$

(만약 경제 성장률이 2% 이상이고, 기업의 수익이 증가하면, 기업의 주가는 상승한다.)

하지만 여기서, 다른 변수들을 고려해야 할 수도 있다. 예를 들어, 금리 인상이 있을 경우 주식 시장에 부정적인 영향을 미칠 수 있다. 이

런 변수들을 추가하면:

  S: "금리가 인상된다"

  T: "주식 시장에 부정적인 영향이 미친다"

이제 이 둘 사이의 관계를 논리적으로 표현하면 다음과 같다:

  S → T

(금리가 인상되면, 주식 시장에 부정적인 영향이 미친다.)

그리고 T가 나타날 경우 주가 상승에 부정적 영향을 줄 수 있다면, 다음과 같은 논리도 함께 고려할 수 있다:

  T → ¬R

(주식 시장에 부정적인 영향이 생기면, 주가는 상승하지 않는다.)

이처럼 금리 인상(S)은 직접적으로 주가(R)를 억제하는 것이 아니라, T라는 중간 변수(주식 시장에 미치는 부정적 영향)를 통해 간접적으로 R에 부정적인 영향을 미치는 구조를 가진다. 즉, S → T → ¬R이라는 간접 구조indirect structure가 존재하는 것이다.

이러한 전이transitive 논리를 통합하면, 결국 다음과 같은 단일 명제로 간결화 할 수 있다:

  S → ¬R

(금리가 인상되면, 주가는 상승하지 않는다.)

따라서, 이러한 부정적인 영향을 회피하기 위한 조건을 포함시켜 전체 조건을 정리하면 다음과 같다:

  (P ∧ Q ∧ ¬S) → R

(경제 성장률이 2% 이상이고, 기업의 수익이 증가하며, 금리가 인상되지

않으면, 주가는 상승한다.)

여기서 중요한 점은 T가 기호화에서 생략된 것이 아니라, $S \rightarrow T \rightarrow \neg R$이라는 간접 관계 구조를 통해 $S \rightarrow \neg R$로 환원되었기 때문에, 최종 기호화에서는 $\neg S$만으로도 T의 효과가 반영된 것이라는 점이다. 이는 명제논리에서 흔히 쓰이는 중개 변수 제거(간접 조건 축약) 기법에 해당하며, 복잡한 조건들을 단순한 논리 구조로 정리하는 데 유용한 전략이다.

이제 언어 기호화를 사용하는 것이 왜 유익한지를 살펴보자. 경제학이나 비즈니스 환경에서 정보를 기호적으로 구조화하고 정확한 관계를 정의하는 것은 의사결정의 정확성과 효율성을 높이는 데 큰 도움이 된다. 일반적인 직관적 이해에서는 복잡한 변수를 놓치거나, 모호한 관계로 인해 잘못된 결정을 내릴 수 있다. 하지만 명제논리학적 기호는 모든 조건을 명확히 정의하고, 각 조건 간의 관계를 논리적으로 해석할 수 있어, 더 정교하고 체계적인 분석을 가능하게 한다.

예를 들어, 금리 인상이 주식 시장에 미치는 영향을 명제논리로 정확히 정의하면, 금리가 인상되었을 때 정확한 대응 전략을 세울 수 있다. 또한, 여러 경제 지표를 기호적으로 표현함으로써, 변화하는 경제 상황에 맞춰 자동으로 업데이트된 규칙을 적용할 수 있다. 이처럼 기호적 사고는 복잡한 문제를 구조적으로 풀어내고, 문제의 핵심을 빠르게 파악할 수 있게 한다. 일상적인 언어적 이해는 직관적이고 빠르지만, 복잡한 문제를 다룰 때에는 정보의 정확성과 분석의 깊이가 부족할 수 있다. 반면, 명제논리를 통한 기호적 사고는 문제를 구조화하고, 각 요소 간의 관계를 명확히 정의하는 데 유리하며, 이는 더 나은 의사결정과 효율적인 문제 해결을 가능하게 한다.

세상의 모든 말과 글을 기호 방식으로 정리하고 이해한다면 우리는 꽤 훌륭한 생각동무thinking partner를 얻을 수 있다. 인공지능을 원천 데이터에서 숨겨진 패턴을 발견하는 기계로만 활용한다면 이는 분명 손해다. 일상생활이나 회사생활에서도 사소한 단어사용의 문제 때문에 더 큰 오해나 오판을 초래하는 경우를 비일비재하게 볼 수 있다. 모호한 단어, 비문, 비약, 정리되지 않은 문단과 같은 지극히 언어적인 문제 때문에 고급 의사결정을 못하는 경우가 상당히 많은데, 생각동무가 있다면 대부분 막을 수 있다.

실제로 그렇게 어려운 작업이 아니며, 많은 과학자들이 가열차게 연구하는 분야이기도 하다. 물론 앞서 예시의 데이터 과학과 언어 분야에서의 기호체계가 가진 공통점은 복잡해 보인다는 것이다. 하지만, 걱정할 필요 없다. 그 또한 인공지능이 잘 처리해주기 때문이다. 우린 그저 데이터에만 의존하는 인공지능에서 데이터와 기호체계 모두를 잘 이해하는 인공지능을 만들어야 한다는 의식의 전환만 잘 해주면 된다. 인식이 전환되어야 일이 시작된다.

뉴로심볼릭 AI
실전 활용 사례

이제 AI 학습의 양대 축을 어느정도 이해했으니, 정리하는 차원에서 규칙 기반 심층추론과 데이터 기반 학습을 섞으면 뭐가 좋아지는지 일단 간단한 사례를 통해 느껴보자.

첫 번째 사례는 금융 분야의 이상거래 탐지 시스템이다. 이 시스템은 방대한 거래 데이터를 분석해 평소와 다른 패턴을 감지하는 전형적인 데이터 기반 접근에서 출발했다. 하지만 탐지된 이상 거래가 실제 범죄인지 아닌지를 판단하려면 규칙 기반 판단이 함께 작동하면 도움이 된다. 예를 들어, 특정 시간대에 발생한 고액 거래는 일반적인 상황에서는 이상 거래로 분류될 수 있지만, 그날이 급여일이라는 규칙적 조건이 결합되면 정상 거래로 판단할 수 있다. 이처럼, 단지 확률적으로 이상한 것이 아니라, 그 이상함을 규칙적 맥락 안에서 해석하는 능력이 필요하다.

두 번째 사례는 의료 영상 판독이다. 딥러닝 기반의 진단 모델은 방대한 MRI, CT 이미지 데이터를 학습하여 특정 질병의 징후를 감지한다. 이는 전형적인 데이터 기반의 예측 시스템이다. 하지만 실제 진단에서 인간 의사가 기계의 진단을 신뢰하려면, 그 판단에 대한 설명이 있어야 한다. 예를 들어, 어떤 부위에서 어떤 밀도의 이상이 감지되었고, 그것이 어떤 의학적 규칙에 따라 병변으로 판단되었다는 식의 설명이 필요하다. 다시 말해, 데이터 기반 판단이 규칙 기반 해석과 결합될 때에야 비로소 틀리더라도 명시적인 설명이 가능하고 이는 인공지능 결과물에 대한 진정한 신뢰가 형성된다. 설명에는 규칙이 필요하다.

세 번째 사례는 자율주행 자동차다. 도로에서의 주행은 실시간으로 수집되는 방대한 센서 데이터를 기반으로 주행 경로를 결정해야 하는, 매우 데이터 중심적인 작업이다. 그러나 모든 상황을 데이터로만 해결할 수는 없다. 예를 들어, 신호등이 꺼졌을 때 다른 차량과의 우선순위를 결정하는 문제, 혹은 긴급 차량을 만났을 때 도로 규칙에 따라 어떻게 행동해야 하는지는 규칙 기반의 판단이 필수적이다. 자율주행의 안전성과 신뢰도는 이런 규칙적 판단 능력에 좌우된다고 해도 과언이 아니다. 초창기 자율주행 알고리즘은 대부분 데이터 중심이었다. 실제로 이런 '규칙 없음' 문제로 치명적인 사고를 유발했다. 그래서 지금은 데이터에는 존재하지 않는 새로운 규칙들을 넣어주는 방식으로 타협점을 찾아가고 있다. 이렇듯, 데이터에는 존재하지 않는 인간 고유의 '합의'는 규칙 이외에는 알고리즘에 반영할 방법이 없다.

네 번째 사례는 기업의 고객지원 챗봇이다. 단순한 질의응답은 데이터 기반의 자연어 처리 모델로 충분히 해결 가능하다. 하지만 고객 불만을 처리하거나 환불 정책처럼 예외 처리가 필요한 경우, 명확한 규칙이 존재해야 한다. 고객 응대의 품질을 보장하려면 모든 응답이 내부 정책과 일관성을 가져야 하며, 이를 위해서는 명시된 규칙 기반의 대화 설계가 필요하다. 이런 구조는 특히 기업의 신뢰도를 좌우하는 중요한 요소가 된다. 즉답하고 싶어도 즉답하면 안 되는 고유의 '절차적 정당성' 문제도 있다. 충분히 확인했는지, 설명했는지는 고객 응대에서 법적으로 중요한 요건이다. 이런 문제 때문에라도 즉답만 잘하는 인공지능은 쓸모가 없다. 대표적인 예로 오픈소스 챗봇 프레임워크인 RASA를 들 수 있다. RASA는 뉴로심볼릭 AI의 대표적인 활용사례로, 데이터 기반의 자연어 처리 모델과 명시적 규칙 기반 대화 흐름 설계를 동시에 지원한다. 일반적인 질문, 예를 들어 '영업시간이 어떻게 되나요?'와 같은 단순한 문의는 기계학습 모델이 충분히 잘 처리한다. 하지만 사용자가 '지난주 구매한 제품을 환불받고 싶어요.'처럼 보다 복잡한 요청을 하면, RASA는 미리 정의된 규칙에 따라 절차적 응대를 시작한다. 구매 내역을 조회하고 환불 가능 여부를 확인하는 등의 명확한 규칙 기반의 프로세스가 동작한다. 이렇게 데이터 중심과 규칙 중심의 결합은 고객 응대 품질을 안정적으로 관리할 수 있게 해준다.

다섯 번째 사례는 교육 분야의 지능형 튜터 시스템이다. 학습자의 정답률, 반응 시간, 오답 유형 같은 데이터는 개별화된 학습 설계에 도움을 준다. 그러나 학습 목표, 교육 과정, 평가 기준과 같은 요소는 전통적인 교육학적 규칙에 기반하고 있다. 즉, 학습자의 행동을 이해하는 데는 데이터가 중요하지만, 그 행동을 어떻게 지도할지는 규칙 기반의 교육 원칙이 개입해야 한다. 흔히, 소크라테스식 문답법이 중요한 이유는 정답만 잘 맞추는 아이보다 '논리적 개연성'을 잘 유지하는 아이가 더 성장 가능성이 높기 때문이다. 사람의 생각을 찬찬히 뜯어보고, 한땀한땀 유도해 내려면 인공지능 자체가 생각을 구조적, 순차적, 시나리오적으로 읽어낼 수 있는 능력이 있어야 한다. 그런 일련의 능력을 규칙화 해서 넣어줘야 하는 것이다. 특히 모든 선생님은 학생을 대하는 고유의 노하우가 있다. 그 노하우는 학생을 대하는 접근법 같은 것이다. 그런 접근법은 충분히 규칙화 되어 인공지능에 주입시킬 수 있다. 그런 접근법들이 알알이 살아 있는 교육 현장을 만들기 위해서라도 획일화된 인공지능만으로는 이룰 수 없다.

이처럼 각각의 사례는 명확히 보여준다. AI가 어떤 실전적 문제를 해결할 때, 단지 데이터를 많이 먹이면 끝나는 것이 아니라, 언제나 규칙이라는 틀이 함께 작동해야만 한다는 것이다. 물론 어떤 사례에서는 데이터의 비중이 더 클 수 있고, 또 어떤 사례에서는 규칙이 더 주도적일 수도 있다. 하지만 어느 한 쪽만으로는 문제를 제대로 해결하기 어렵다.

결국, 규칙과 데이터는 단지 기술의 두 방식이 아니라, 인간이 사고하는 두 가지 방식의 반영이다. 데이터는 경험을, 규칙은 이론을 닮았다. 우리는 경험과 이론이 결합될 때 비로소 온전한 이해에 도달하는 것처럼, AI도 그 두 세계의 균형 속에서 진짜로 똑똑해질 수 있다. 우리가 인공지능을 균형 있게 이해하려면, 그 이론과 경험의 조화가 현실에서 어떻게 작동하는지를 계속해서 살펴보고 학습해야 한다. 그것이야 말로 AI를 사용하는 사람에게 요구되는 새로운 리터러시의 출발점일 것이다.

2부

의사결정 AI와 뉴로심볼릭

인공지능의 발전은 우리의 삶을 크게 바꾸고 있지만, 모든 결정권을 인공지능에게 맡길 수는 없다. 이는 인간이 지닌 본질적 행복의 요소 중 하나인 '자율적 의사결정'을 위협하기 때문이다. 하지만 역설적으로, 인공지능의 능력이 인간의 능력을 능가할수록 사람들 간의 판단력 격차는 더욱 커지고, 판단력 양극화는 가속화된다. 뉴로심볼릭 접근은 이런 양극화 시대에 인간과 인공지능이 조화롭게 협력하며 함께 문제를 해결하는 새로운 균형을 제시한다. 즉, 인공지능이 인간지능을 대체할 것인가라는 소모적인 논쟁보다, 어떻게 하면 더 균형을 이룰지에 대한 실질적인 방안을 제시한다. 대규모 데이터는 확실히 인공지능이 잘 다루고, 무엇을 규칙으로 삼을지는 단연코 인간이 더 잘 정하기 때문이다.

_강양석, 조호연

자율적 의사결정의 행복감

인공지능이 데이터와 규칙의 두 축으로 구성되면 좋다는 의견에 조금은 익숙해졌을 것 같다. 이 과정에서 인공지능을 깊게 이해하기 위해서는 오히려 우리 자신이 어떻게 생각하고 행동하는지를 알필요가 있다는 소중한 부산물도 얻게 되었다. 그렇다면, 이번 참에 '데이터 vs 규칙' 얘기에서 잠시 벗어나, 좀더 거시적인 시각으로 인공지능 담론을 짚어보자. 예를 들면 이 질문은 어떨까?

'인공지능이 아무리 발달해도 인간이 포기하려 하지 않으려 하는 역할은 무엇일까?'

나름 이 질문이 중요하다고 본 이유는 인공지능 성능이 걷잡을 수 없이 빠르게 증가하고 있기 때문이다. 그래서 그 변화 속도를 일일이 추적하기 보다는, 결국 우리는 인공지능에게 뭘 내어주고, 뭘 협업하고, 뭘 독립적으로 가져갈지를 고민해야 한다. 이를 위해서는 일단 인간은 언제 행복을 느끼는 가에 대해 이야기해봐야 한다. 이에 대해 다양한 이론이 존재하지만 가장 널리 활용되는 구분은 에드워드 데시Edward Deci와 리차드 라이언Richard Ryan의 자기결정이론Self Determination Theory, SDT이다. 이들은 인간의 기본적 욕구를 자율성(자신의 선택과 행동에 대한 통제감), 유능감(자신의 능력이 발휘되고 성취된다는 느낌), 관계성(타인과의 연결감, 소속감)으로 구분하며, 이 세 가지 심리적 기본 욕구가 충족될 때 인간은 내적 동기를 가지고, 심리적 웰빙과 삶의 만족을 느낀다고 보았다. 특히, 다양한 문화권, 연령대, 맥락(학교, 직장, 가정)에서 자율성·유능감·관계성이 웰빙에 결정적인 역할을 한다는 것을 실증적으로 보여줬다는 점에서 행복의 요건으로 널리 통용된다.

그럼, 이 요소들을 인공지능과의 관계로 설명해보자. 인공지능은 이미 많은 영역에서 인간의 능력을 뛰어넘기 시작했으며, 예를 들어, 체스와 바둑에서 최고 수준의 인간 챔피언을 능가하거나, 프로그래밍 경진대회에서 평균 수준의 인간 프로그래머를 능가하는 등 인간의 역량적 우월성을 위협하고 있다. 타인과의 관계 또한 인공지능이 효과적으로 대체하기 시작했다. 메타Meta의 씨쎄로Cicero 시스템은 복잡한 외교 게임에서 인간 플레이어들의 신념과 의도를 정확히 파악하여 인간의 사회적 상호작용과 협상 기반 추론 능력을 능숙하게 모방했다. IBM의 프로젝트 디베이터Project Debater 역시 사람과의 실시간 토론에서 설득력 있는 논증을 펼치며 인간의 소통과 협력적 문제 해결 방식을 효과적으로 대체할 수 있음을 입증했다. 캘리포니아의 인공지능 스타트업 레플리카Replica는 최근 자신의 인공지능 서비스에서 몇 가지 에로틱 기능을 끄려고 했지만, 유저들의 강력한 반발에 곤혹을 치러야만 했다. 이렇듯 인공지능 기반의 개인화된 챗봇과 같은 도구들은 점차 인간관계를 보완하거나 대체하며 외로움을 줄이는 수단으로 자리 잡고 있다. 나아가 사람들이 인공지능과의 대화에 강한 정서적 애착을 느낀다는 연구결과가 속속들이 나오고 있다. 실제로 2025년 하버드비즈니스리뷰HBR 연구결과, 지난 1년간 인공지능 활용 패턴이 기술적 영역에서 정서적 영역으로 크게 변화했으며, 사용자들은 코드 생성이나 기술적 문제 해결보다 '심리 치료/동반자', '일상 조직화', '삶의 목적 찾기'와 같은 정서적 지원과 자기 계발에 AI를 더 많이 활용하고 있다고 한다. 심지어 2025년 심리적 안정감을 위한 AI 활용은 1위를 차지했다. 이런 식이라면 인공지능이 사람 대신에 더 높은 역량을 발휘하고, 다른 사람의 희로애락을 대신 치유하는 존재가 되는 것은 시간 문제로 보인다.

그러나 인간이 쉽게 포기하기 어려운 행복의 요소가 있는데, 바로 자율적 의사결정이다. 인간에게 의사결정은 단순히 효율성과 편리함을 넘어선 본질적 가치를 지니고 있다. 의사결정 과정에서 우리는 종종 고통과 갈등을 겪지만, 그 과정에서 느끼는 자유와 통제감은 인간 고유의 행복감을 형성하는 중요한 기반이 된다. 예를 들어 넷플릭스 추천 시스템이 우리를 대신하여 콘텐츠를 선택해 줄 때 편리함은 크지만, 자신이 직접 선택하여 발견하는 콘텐츠에서 오는 성취감과 즐거움을 완전히 대체하지는 못한다. 또한 인공지능이 우리 대신 중요한 삶의 결정을 내리는 경우가 점점 많아지지만, 결혼, 진로 선택, 인생의 중대한 변화와 같은 결정에서 최종적 권한과 책임감을 인간이 포기하기는 매우 어려울 것이다.

데시와 라리언의 자기결정이론도 자율성을 인간의 기본 심리적 욕구로 규정하며, 사람들은 스스로 행동을 조절하고 결정할 수 있을 때 더 큰 내적 동기와 만족감을 경험함을 2018년 행복 연구 저널 Journal of Happiness Studies에 발표한 메타분석 결과로 실증했다. 이외에도 행동경제학 분야의 연구들은 '선택'이라는 행위 자체가 주는 만족감에 주목했는데, 시모나 보티 Simona Botti와 앤 맥길 Ann McGill의 실험은 특히 흥미롭다. 참가자들은 동일한 결과물이라도 스스로 선택했을 때 더 큰 만족감을 보였기 때문이다. 신경과학 연구는 자율성의 생물학적 기반을 보여주기도 했다. 모리셔스 델가도 Mauricio Delgado 등의 기능적 가기공명영상 fMRI 연구에서, 참가자들은 '곧 선택할 수 있다'는 단서만으로도 뇌의 보상 중추인 복측선조가 활성화되었다고 한다. 즉 우리의 뇌는 자율적 선택의 기회 자체를 보상으로 인식한다는 것이다. 마지막으로 UN의 세계 행복 보고서는 국가 차원에서도 자율성의 중요성을 확인했다. "삶을 스스로 선택할 자유"는 GDP나 사회적 지원 못지않게 국민 행복도를 결정짓는 중요한 요인으로 나타났다. 자유도가 높은 사회일수록 구성원들의 삶의 만족도와 긍정 정서가 높았기 때문이다.

실제로 인공지능이 의료 현장에서도 정확한 진단을 내릴 수 있음에도 불구하고, 환자와 의사 모두 최종 결정은 인간이 내리기를 원한다. 이는 인간이 자신의 삶에 대한 주도권과 책임을 유지하려는 본능적 욕구 때문이다. 자율적 의사결정 과정에서 경험하는 행복은 단순히 효율성이나 정확성을 뛰어넘는, 보다 깊은 차원의 만족감을 제공하기 때문이다.

자율성의 세계사적 의미

혹자는 인류 전쟁사를 자율권을 확보하기 위해 지난한 역사로 묘사하기도 했다. 누군가의 지배가 아닌, 스스로 선택하는 삶을 향한 갈망은 시대와 문명을 가로질러 반복되어 왔다.

고대 아테네의 시민들은 왕의 명령에 따르기 보다, 스스로 법을 만들고 지배자를 선출하는 새로운 체제를 실험했다. 로마인들은 이를 이어받아 공화정을 세웠고, 한때 노예였던 스파르타쿠스는 인간으로서 존엄을 되찾기 위해 무기를 들었다. 이들은 단순히 정치 체제를 바꾸려 한 것이 아니라, '나는 누구의 명령이 아닌 나의 의지로 살겠다'는 선언을 하고 있었던 것이다.

중세로 접어들면서도 자율성을 향한 갈망은 꺾이지 않았다. 잉글랜드의 귀족들은 왕의 절대 권력을 견제하며 마그나 카르타에 서명하게 했고, 유럽 곳곳에서는 농민과 시민들이 억압적인 봉건 질서에 저항했다. 마틴 루터는 성직자만이 신과 소통할 수 있다는 교회의 독점을 깨뜨리며, 신앙의 주체가 교회가 아니라 개인임을 천명했다. 믿음마저도 타인의 지시가 아닌, 스스로 선택해야 한다는 의식이 움트고 있었다.

근대에 들어서면서 자유를 향한 투쟁은 본격적인 정치혁명으로 폭발했다. 미국의 식민지 주민들은 대서양을 넘어온 왕의 명령을 더는 따르지 않겠다고 선언했다. 프랑스의 시민들은 빵 한 조각조차 마음대로 먹을 수 없던 시대를 뒤엎고, '자유, 평등, 박애'를 외치며 왕정을 무너뜨렸다. 심지어 아이티에서는 노예로 태어난 이들이 자유를 되찾고 세계 최초의 흑인 공화국을 세우기에 이르렀다. 자유는 더 이상 특정 계층의 특권이 아니라, 모든 인간이 태어날 때부터 마땅히 누려야 할 권리로 여겨지기 시작했다.

19세기에는 이러한 정신이 민족과 계층, 젠더를 넘나들며 확산되었다. 유럽 각국에서는 절대권력을 향한 분노가 자유주의 혁명으로 터져 나왔고, 미국은 노예제를 폐지하기 위해 피를 흘렸다. 인도는 외세의 지배에 맞서 자결권을 외쳤고 더는 착취당하지 않겠다며 무기를 들었다. 동시에 여성들은 거리로 나서, 투표권과 교육권을 요구하며 '나의 삶은 내가 결정하겠다'고 외쳤다. 자율성은 점차 인류 보편의 감각으로 자리잡아갔다.

20세기에도 그 열망은 이어졌다. 러시아의 민중들은 전제 정권을 무너뜨리며, 평범한 이들에게도 정치적 결정권이 있어야 함을 증명했다. 미국에서는 흑인들이 "나도 인간이다"라고 외치며 거리로 행진했고, 남아프리카의 시민들은 피부색으로 삶이 결정되지 않는 세상을 위해 싸웠다. 우리나라에서는 독재 정권에 맞서 수백만 명이 촛불을 들었고, 끝내 국민의 손으로 지도자를 바꾸는 자율의 역사를 만들어 냈다.

그리고 우리는 지금, 또 하나의 경계에 서 있다. 디지털 권력과 알고리즘이 사람들의 선택을 대신하려는 시대, 사람들은 다시 한 번 '결정은 내가 한다'는 선언을 하고 있다. 홍콩의 젊은이들은 거리에서, 미얀마의 시민들은 생명을 걸고 자유를 외쳤다. 전 세계의 이용자들은 플랫폼 권력에 맞서 데이터 주권과 디지털 자율성을 요구하고 있다. 아마 이 현상은 인공지능과 인간의 관계설정에도 중요한 원리로 될 가능성이 높다.

시대가 바뀌어도, 기술이 바뀌어도, 인간이 추구하는 본질은 달라지지 않았다. 누군가의 지시에 따르기 보다, 스스로 선택하며 살아가고자 했던 그 욕망이야말로 역사의 중심축이었다. 인류는 언제나 그렇게 자유를 찾아 걸었고, 자율성을 되찾는 순간마다 역사는 앞으로 나아갔다.

더 많은 유능감과 친밀감을 위해 전쟁을 불사하지는 않지만, 자유를 위한 열망은 그 만큼 강력하다. 인공지능이 우리보다 뛰어나거나, 더 사려깊어지는 것은 용인이 되어도, 인공지능에게 지시를 받으며 살지는 않을 것 같다는 것이다. 의사결정에서의 자율성은 인간 존재의 본질적 가치와 긴밀히 연결되어 있으며, 우리가 인공지능으로부터 얻는 다양한 효용과 편리함 속에서도 인간이 끝까지 지키고자 하는 가장 중요한 행복의 핵심일 것이다.

그렇다면 앞선 질문은 다음 질문으로 연결된다. '우리는 어떻게 하면 인공지능과 의사결정 분업을 이룰 수 있을까?'이다. 즉, 복잡한 의사결정 상황 중 내어줄 것은 무엇이고 고유하게 움켜쥘 것은 무엇일까 말이다.

자율적 의사결정의 크럭스,
추론

인공지능은 머지않아 인간 이상의 유능감을 보일 것이며, 역설적이게도 그럴수록 인공지능이 인간 고유의 의사결정 자율성을 본격으로 넘볼 확률도 높아지고 있다. 인공지능이 유능감과 자율성에 기여하는 방식은 오묘하게 상충관계를 가지고 있다. 이 과정에서 많은 사람들이 낙망하게 될 것이고 (슬픈 상상이지만) 그 과정에서 인공지능에게서라도 위로 받고자 하는 사람의 수는 점차 늘어만 갈 것이다. 인공과 인간 지능의 정수를 모두 이해한 사람은 더 많은 의사결정을 하게 될 터이고, 인공지능의 편리함에 안주하는 사람은 오히려 더 빨리 대체될 것이기 때문이다. 일종의 판단력의 양극화가 진행중이다.

인공지능이 유능해질수록 의사결정에 참여하는 사람의 수는 전반적으로 줄어 자율성이 훼손될 것이며, 이 과정에서 발생한 낙망감을 치유하기 위해 역시 인공지능이 많이 활용될 수 있다. 이렇게 인공지능이 우리에게 주는 유능감은 다른 두 행복감이 충족되는 방식에 영향을 줄 것이다.

모든 이야기의 시작 격인 우리의 유능감이 어떻게 인공지능에 의해 강화되는지에 대한 최근의 연구들을 일별해 보자. 이러한 일련의 시도들은 단순히 많은 데이터가 좋은 인공지능이다라는 상식을 넘어선 지 오래 되었으며, 크게 뉴로심볼릭 접근, 체계적 추론 모델, 그리고 대화형 문제 해결 시스템의 세 가지 방향으로 요약할 수 있다. 앞서 우리가 많이 살펴본 뉴로심볼릭적 접근도 어찌 보면 '어떻게 인간지능을 닮은 인공지능을 만들것인가?'라는 큰 연구 시도 중 하나인 셈이다.

첫째, 1부에 많이 논의되었지만, 뉴로심볼릭 AI는 인간이 가진 두 가지 사고 체계, 즉 직관적이고 경험적인 사고(뉴럴)와 명확하고 논리적인 사고(심볼릭)를 통합하려는 시도이다. MIT에서 개발한 NSCL_{Neuro Symbolic Concept Learner}은 이미지 장면에 대한 복잡한 질문에 응답하기 위해 시각 인식 신경망과 논리 프로그램을 결합했고, 이 과정에서 98% 이상의 높은 정확도를 기록했다. 딥마인드_{DeepMIND}의 알파프루프_{AlphaProof} 및 알파지오메트리_{AlphaGeometry}와 같은 수학 문제 해결 시스템도 뉴로심볼릭 접근을 활용하여 국제 수학 올림피아드 문제를 은메달 수준으로 해결할 만큼 인간의 고급 추론 과정을 성공적으로 모방했다.

둘째, 체계적 추론 모델은 인간이 문제를 풀 때 단계별로 논리적 흐름을 밟는 과정을 모방한다. 대표적인 예로 구글의 연구진은 '생각의 사슬Chain-of-Thought, CoT'이라는 간단한 기법을 통해 언어모델이 단계적이고 명료한 추론 과정을 따라 문제를 해결하도록 유도했다. 이를 통해 GPT3와 같은 언어모델들이 복잡한 수학 문제나 논리 퍼즐에서의 성능을 크게 개선했으며, GPT4는 인간 전문가 수준의 시험 성적을 낼 만큼 뛰어난 추론 능력을 보이게 되었다. 최근 챗GPT류의 인공지능들이 가장 많이 역점을 두는 영역이기도 하다.

셋째, 대화형 문제 해결 시스템은 인간의 사회적이고 협력적인 추론 과정을 모방한다. IBM의 프로젝트 디베이터는 세계적인 토론 챔피언과 대등한 수준으로 자유 주제에 대해 논거를 펼쳤고, 메타의 씨쎄로는 전략 보드게임 디플로머시Diplomacy에서 상대의 의도를 읽고 협상하는 과정에서 인간 상위 10% 수준의 성과를 달성했다는 내용들이 여기에 해당한다. 이러한 시스템들은 인간의 사회적 상호작용과 대화 기반 추론 능력을 효과적으로 재현하여 인공지능의 협력적 문제 해결 능력을 증명해가고 있다.

여기서 우리는 이 세가지 방향의 흥미로운 공통점을 발견할 수 있다. 뉴로심볼릭 접근이든, 체계적인 추론 모델이든, 또는 대화형 문제 해결 시스템이든 간에 이 모든 접근법들의 공통적 핵심은 바로 '추론'이라는 개념이다. 인간이 복잡한 문제를 직면했을 때 어떻게 해결책을 찾는지, 왜 그런 결론을 내렸는지를 이해하는 과정이 곧 추론이기 때문이다. 따라서 인공지능이 인간 수준으로 발전하기 위해서는 추론의 메커니즘과 구조를 깊이 연구하고 이해해야 한다. 이는 역설적으로 인공지능 연구가 곧 인간지능 연구로 이어지는 이유이기도 하다. 왜냐하면 본능적으로 인간은 아무리 그럴싸해 보여도 '생성된' 결정을 따르기 보다, 수고가 들더라도 '추론된' 결정을 원할 것이기 때문이다. 인공지능과 인간지능을 동시에 이해하는 교집합은 결국 '추론'을 이해하는 것이며, 추론 능력의 진화야말로 인공지능의 다음 도약을 이끌 핵심 열쇠라 할 수 있다. 그런 의미에서 추론은 일종의 크럭스(Crux: 어떤 문제의 가장 중요하면서도 곤란한 부분)이다. 충분히 깊게 들여다볼 가치가 있는 것이다.

일단 인간지능의 추론을 알아보자. 추론은 단어 그대로, '주어진 정보로부터 새로운 결론을 끌어내는 정신의 작용'이다. 첫 번째 핵심은 '주어진 정보'이다, 즉, 어떤 정보 없이 그냥 결론을 도출하는 것은 직관이지 추론이 아니다. 두번째 핵심은 '새로운'이다. 그러니 단순 요약은 추론이 아니다. 추론의 추는 한자어로 '밀어낼 추推'이다. 밀어낸다는 것은 도약한다는 것이고, 도약한다는 것은 새로운 상태에 도달한다는 것이다. 마지막 핵심은 '론論, 즉 논리적인 설명이다.' 다시 말해, 논리적 설명이 안되면 타협이 안되고, 타협이 안되면 결정할 수 없으므로 추론이 아니다. 쉽게 말해 추정보다 추론이 더 높은 지능활동이라 부르는 이유다. 추정은 첫번째와 두번째 특징만 가진 지능활동이다.

이런 의미에서 같은 챗GPT라도 생성형 인공지능과 추론형 인공지능 사이의 구분이 생기게 된다. 챗GPT가 생성형 인공지능에 머문다는 것은 아무리 그럴싸한 답을 내놓지만 왜 그런 말을 했는지 우리가 알 수 없으므로 그냥 직관적 말로 느껴질 뿐 논리적으로 촘촘히 따져볼 겨를을 주지 않는 다는 것을 의미한다. 같은 챗GPT라도 추론 인공지능으로 간다는 것은 이 과정을 자기 스스로 논리적으로 설명할 수 있다는 것이 가장 큰 차이이다. 단순히 한번에 답할 걸 여러 번에 답했기 때문에 생성형 인공지능이 추론 인공지능이 된다는 것이 아니라, 그렇게 촘촘히 단계를 두어 생각하는 과정을 우리가 볼 수 있고, 그 안에서 논리적 다툼을 벌일 수 있는 여지가 생겼기 때문에 추론형 인공지능이라 구별해서 부를 이유가 생긴 셈이다. 그래서 인공지능이 추론을 한다는 것은 인간이 지식의 부족을 극복하고 불확실한 상황 속에서도 의미 있는 새로운 결정을 내리 듯, 이제는 AI가 인간과 함께 사고의 파트너로 작동하기 시작했다는 의미이다.

우리가 AI를 단순한 이미지나 글 생성도구로 쓰는 것을 넘어 협력자, 동료, 심지어 생각의 동반자로 대하려면, AI가 어떤 방식으로 추론을 수행하는지, 그리고 그 추론이 인간의 사고와 어떻게 닮았거나 다른 지를 반드시 이해할 필요가 있다. 그래서 앞서 설명한 단순 생성을 넘어 추론이 가능한 인공지능이 된다는 것은 답의 정확도를 높힌다는 결과적인 측면의 발전이라기 보다, 서로 절차적으로 논리적 논의가 가능한 대상이 되었다는 의미에서 발전이라고 볼수 있다. 단지 뉴로심볼릭은 논리규칙으로, 체계적 추론 모델은 나누어 생각하는 기법으로, 대화형 문제해결 시스템은 인간과의 상호작용에서 찾는다는 점에서 다를 뿐이다. 따질 수 없는 건 추론이 아니라 추정이다. 추정이

나쁜 건 아니지만, 따질 수 있어야 답에 대한 확신을 갖는 인간의 특성상 고급 의사결정 방법이 될 수 없는 한계를 가진다.

그렇다면 왜 추론 관점으로 인공지능을 이해하는 게 중요할까? 이유는 간단하다. 모든 AI 시스템은 이미 추론의 알고리즘을 내장하고 있기 때문이다. 예들 들어 추천 시스템은 '어떤 상품을 추천할 것인가'를 판단할 때, 시계열 예측은 '미래의 수요는 어떨 것인가'를 예측할 때, 자연어처리 시스템은 '어떤 문장이 가장 적절한 응답인가'를 생성할 때, 각기 다른 방식으로 추론을 수행한다. 그런데 이 추론이 단순히 자동화된 수학 계산이 아니라는 점이 중요하다. 이 안에는 우리가 익히 알고 있는 귀납, 연역, 유추, 가추와 같은 사고의 전통적인 방식들이 다양한 형태로 녹아 있다. 자칫 고리타분한 논리학 수업이 될까 두렵지만, 인간이 추론하는 방식을 기반으로 인공지능의 추론을 이해해야 한다. 그래야 각 추론이 가진 장단이 눈에 쉽게 들어오고, 결국 '각 추론에 맞는 비판적 질문'을 가질 수 있다. 의사결정자들에게는 인공지능의 작동방식보다 자신들의 언어로 근거와 이유가 제시되는 걸 더 중요하게 생각한다.

예컨대, 데이터 기반의 AI는 반복되는 패턴을 기반으로 일반화된 결론을 도출하는 '귀납적 추론'을 잘 수행한다. 반면에 명확한 규칙을 입력 받고 이를 적용하여 결론을 도출하는 AI 시스템은 '연역적 추론'에 가깝다. 최근 떠오르는 생성형 AI는 '이전에 유사했던 맥락'에 기반한 '유추적 추론'과 '귀납척 추론'을 동시에 수행한다고 볼 수 있다. 이처럼 AI는 추론이라는 사고의 틀을 모사함으로써 인간의 지능에 가까

워지고자 한다. 이런 방식으로 이해해야, 연역이면 연역, 귀납이면 귀납, 유추이면 유추에 맞는 비판적 질문을 할 줄 알게 된다. 그 대상이 사람이든 인공지능이든 말이다. 다시 한 번 말하지만, 따질 수 있어야 추론이다. 인간이 의사결정 자율권을 포기하지 않을 거라는 것은 최소한 따질 기회 정도는 확보하고 싶다는 것을 의미한다. 1부에서 초반에 언급한 오픈AI와 앤트로픽의 연구진이 '저희 AI가 왜 그런 추론을 했는지 알 수 없어요.'라는 고백은 의사결정자 입장에서 보면 도저히 받아들 수 없는 핸디캡이다.

논리적 따짐이 왜 AI에 중요한가?

여기서 잠깐 짚고 넘어갈 게 있다. 논리적 설명 가능성이 왜 그다지도 중요한 지 쉽사리 납득이 가지 않을지도 모르겠다. 그냥 결과적으로 우린 적절한 답을 찾으면 되는 것이지, 너무 복잡하게 생각하는 거 아니냐고 물을 수도 있다. 이유는 간단하다. 답이라는 게 애초에 없거나, 찾기 어려울 수도 있기 때문이다. 단순한 정보를 찾든, 정보를 다룰 기준을 세우든, 그 기준으로 전략적 대안을 검토하든 그 수위와 상관없이 어떻게 찾고, 세우고, 선택하는 것이 과연 합리적인지에 대한 답은 본질적으로 정해져 있지 않다. 그러니 인공지능이 한번에 인간의 의사결정을 대체할 수 있으리란 예상은 생각보다 만만치 않을 수 있다. 원래 답이 없는 걸 불현듯 해소하는 것 자체가 쉽지 않기 때문이다.

이렇게 답 또는 진리를 찾는 과정이 얼마나 어려운지를 보여주는 학문이 있는데, 바로 과학철학이다. 과학철학은 과학이 진리를 탐구하고, 그 진리에 도달하는 방법론을 연구하는 학문이다. 즉 과학적 연구방법을 연구하는 철학 같은 셈이다. 과학적이라면 냉철하고 객관적일 것 같지만, 그래서 쉽게 합의를 볼 수 있을 것 같지만, 정치학, 경제학, 철학처럼 과학철학의 역사도 논쟁과 부침으로 가득 차 있다. 고대 그리스의 플라톤과 아리스토텔레스는 본질과 형상, 그리고 지식의 근원에 대한 논쟁을 벌였고, 중세의 스콜라 철학자들은 신의 존재와 신앙과 이성의 관계에 대한 논쟁을 펼쳤다. 근대에 접어들어 데카르트는 회의를 통해 확실한 지식을 찾으려 했으며, 베이컨은 경험을 통해 지식을 얻을 수 있다고 주장하며 경험주의의 씨앗을 심었다. 17~18세기 영국의 로크와 흄, 대륙의 칸트는 인간의 인식과 경험의 한계를 두고 격렬한 논쟁을 벌였다. 같은 주제에 대해 온통 다른 쟁점들이 난무했다.

20세기에 들어와서는 과학적 방법론 자체에 대한 논쟁이 본격화되었다. 칼 포퍼는 반증 가능성을 과학과 비과학을 구분하는 기준으로 제시하면서, 과학적 지식의 객관성은 끊임없는 검증과 비판 속에서만 유지된다고 주장하였다. 포퍼의 이론은 하나의 가설이 얼마나 잘 살아남느냐가 아니라 얼마나 잘 반박될 수 있느냐에 따라 과학적 가치를 판단한다는 점에서 혁신적이었다. 칼 포퍼의 논리대로라면 AI가 내놓은 답은 어떤 식으로든 과학적 답이 아니다. 알 수가 없기 때문이다. 한편, 토마스 쿤은 과학이 점진적인 누적보다는 혁명적 변화, 즉 "패러다임 전환"을 통해 발전한다고 보았다. 그는 과학이란 것이 명확하고 확고한 절대적 진리의 계단을 밟아 올라가는 것이 아니라, 기존 이론들이 설명할 수 없는 수많은 예외들이 축적되어 한계점에 다다를 때 기존 이론이 전복되는 극적인 사건으로 이해했다. 1부에서 논의한 단순화-심층화 뉴로심볼릭 AI 루프는 큰 의미에서 토마스 쿤의 설명과 닮아 있다. 파이어아벤트는 여기에 더 나아가, 과학은 한마디로 무정부 상태이며 "무엇이든 된다"는 급진적 주장으로 충격을 주었다. 그는 과학적 진리라는 것이 사실상 다양하고 다원적이며, 오히려 혼돈과 창의성을 통해 발전한다고 주장했다. 이러한 과정에서 객관적 진리가 과연 존재하는지, 우리가 어떤 방법론으로 진리에 도달할 수 있는지, 진리 자체를 어떻게 정의하고 합의할 수 있는지에 대한 격렬한 논쟁이 벌어졌다.

우리가 진리를 찾는 것이 이렇게 어려운 이유는, 모든 방법론과 전제들이 결국 인간의 주관적 시각과 사회적 맥락에서 벗어날 수 없기 때문이다. 진리는 하나의 뚜렷한 목적지가 아니라 끊임없이 움직이는 표적이며, 진리에 도달하는 길 역시 매번 새로 개척되고 협상되어야 하는 험난한 과정이기 때문이다.

하지만, 이러한 다양한 맥락 속에서도 과학철학자 대부분이 인정하는 이론이 있다. 바로 '이론적재성theory-ladenness'이다. 이론적재성이란 관찰과 연구 과정이 이미 특정 이론이나 개념적 틀에 의해 크게 영향을 받는다는 뜻이다. 즉, 연구자는 자신이 사용하는 이론적 전제와

도구의 영향을 받을 수밖에 없으며, 그로 인해 연구 결과 역시 이론으로부터 완전히 자유로울 수 없다는 것이다. 인공지능 역시 이러한 이론적재성으로부터 자유롭지 않다. 인공지능이 만들어내는 결과는 결국 인간이 설정한 알고리즘과 이론적 전제를 벗어날 수 없으며, 따라서 우리는 인공지능의 결과를 단순히 객관적인 진리로 받아들일 수 없다는 결론에 간단히 도달한다. 그러니 AI가 쉽게 고급 의견을 내놓고 고급 의사결정이 가능하게 도와줄 거라는 주장들은 과학철학자들에 의해서 부단히 도전 받을 것이다. 인공지능이 우리에게 더 많은 유능감을 줄 수야 있겠지만, 범용 인공지능Artificial General Intelligence, AGI 또는 인간의 지능을 뛰어넘어 독립적으로 작동하는 인공지능Artificial Superintelligence, ASI처럼 마치 진리를 품은 존재의 등장을 너무 쉽게 말하는 경향이 있다는 것이다.

　과학철학을 공부함으로써 우리는 논리論理 원리原理 진리眞理의 관계를 명확히 이해할 수 있다. 진리는 부단히 움직이는 표적이기 때문에 도달하기 쉽지 않지만, 그 과정에서 수많은 원리를 찾을 수는 있다. 그리고 그 원리들은 끊임없는 토론討議을 통해서만 도달하게 된다. 그래서, 인공지능과 인간이든, 인공지능끼리든 논리적으로 상호 따질 수 있는 상태가 되는 것은 과학이 진리에 도달하는 특성상 필수 불가결한 절차적 조건이 된다는 것이다. 생성형 인공지능이 아무리 그럴싸한 답을 내놔도 우리가 고급 의사결정에 이를 채택하지 않는 근본적인 이유는 내용의 부적절성 해서가 아니라, 그 내용을 함께 논박하는 과정에서 나온 이성적 안도감, 즉 확신을 주지 못하기 때문이다. 즉,

인공지능은 문제를 단번에 해결하는 만능 도구가 아니라, 인간과 함께 논리적 정반합을 이루어 나가는 띵킹 파트너로서의 의미를 지닌다.

한마디 더 보태자면, 우리는 데이터 과학을 공부하기 위해 주로 데이터를 연구해왔다. 그게 아니라 과학이 뭔 지를 먼저 공부해야 한다. 마찬가지로 인공지능을 공부할 때 공학적 인공성을 공부하려 한다. 그게 아니라 지능이란 뭔 지를 먼저 공부해야 한다. 그게 과학철학적 사고다.

의사결정의 핵심:
추론과 논증

 추론은 단지 인간의 고유한 지적 능력이 아니라, AI를 구성하는 시스템 속에도 복잡한 형태로 구현되어 있으며, 우리가 그 구조를 이해하지 못한다면 AI와의 협업 역시 제한적일 수밖에 없다. 그렇다면 추론이란 정확히 무엇이며, 인간의 사고에서 어떤 위치를 차지하고 있는가? 그 추론은 어떤 구조 속에서 논리적 정당성을 갖추게 되는가? 그리고, 이런 일련의 질문에 답하는 게 판단력 양극화의 시대에서 자율적으로 판단하는 주체로 남는 것과 어떤 관련이 있을까?
 앞서 잠깐 언급했듯이 추론은 생각이 새로운 결론에 도달하는 방식이다. 그 과정을 단순히 감각이나 직관에 맡기는 것이 아니라, '정당화의 과정을 거치는 사고의 이동'을 의미한다. 인간이 무엇인가를 주장할 때, 그 주장은 종종 "왜 그렇게 생각하는가?"라는 질문에 직면하게 된다. 그 질문에 답하기 위한 일련의 생각의 흐름이 바로 추론이며, 이 흐름은 논증argument이라는 구조 속에서 구체화된다. 논증은 의사결정에 이르는 하나의 뼈대이다. 겉으로 보기에 다양한 이야기나 아이디어, 판단이 섞여 있을지라도, 이를 정제하고 분석해 보면 모두 '주장claim – 이유reason – 증거evidence – 전제assumption'라는 네 가지 구성 요소로 나눌 수 있다. 이 뼈대는 수천년 인류가 쌓은 고결한 규칙이다. 논증과 논증이 만나 타협하는 것이 변증이고, 변증을 통해 의사결정이 이뤄진다. 그러니 의사결정 자율성을 유지한다는 것은 추론으로 논증을 강화해 남들을 설득할 수 있는 역량이 있다는 말과 같은 말이 된다.

주장은 말 그대로 우리가 내리고자 하는 결론이다. 이 결론이 단순한 의견이 아닌 신뢰 가능한 주장으로 받아들여지기 위해서는 이유가 필요하다. 이유는 해당 주장이 타당하다고 믿게 만드는 논리적 설명이다. 하지만 이유만으로는 부족하다. 우리는 이 논리를 뒷받침할 객관적인 증거, 즉 외부 세계로부터 관찰되거나 수집된 사실들을 요구한다. 예컨대 "이 제품이 경쟁사보다 낫다"는 주장은 "성능 테스트 결과가 더 우수했다"는 이유와 함께, "국가 인증기관의 테스트 결과 수치"라는 증거로 보강되어야 설득력을 얻는다. 이유는 내 머리안 사유물이고, 증거는 내 머리 밖 참조물이다.

하지만 이 모든 요소가 서로 잘 엮이기 위해서는 보이지 않는 연결고리, 바로 전제가 작용한다. 전제는 우리가 무의식적으로 깔고 있는 조건, 즉 이유와 증거가 주장을 뒷받침할 수 있다고 믿게 만드는 배경 지식 혹은 가치 기준이다. 전제는 평소에 잘 드러나지 않지만, 논쟁이 심화되면 가장 먼저 검토되어야 할 부분이다. 동일한 이유와 증거를 제시하더라도 전제가 다르면 결론이 전혀 달라질 수 있기 때문이다. 우리가 어떤 전략을 선택할 때 그 전략이 '성공적일 것'이라는 판단은 결과보다도 전제에 따라 달라지는 경우가 많다. 인공지능의 답이 아무리 훌륭해도 자신의 추론에 대해 전제를 말해주지 않거나, 동의할 수 없는 내용을 전제로 삼고 있다면 무시될 수 있다.

이 네 요소는 단절된 조각들이 아니다. 이들 사이에는 항상 하나 이상의 추론이 흐르고 있다. 추론은 이 요소들을 이어주는 사고의 다리이며, 이 다리가 얼마나 튼튼하냐에 따라 논증 전체의 설득력이 결정된다. 추론은 논증의 심장부다. 이 추론이 적절히 작동하지 않으면, 아무리 이유와 증거가 많아도 전체 논증은 힘을 잃는다. 다시 말해, 논증에서 중요한 것은 정보의 양보다 정보 간의 연결 방식이다. 추론을 잘해야 논증을 잘한다는 것이고, 논증을 잘해야 의사결정을 잘할 수 있다는 것이다. 참고로 이 책에서는 스토리텔링, 선동, 지나친 시각화, 교조적 주장 같은 비논증적 주장 기반 의사결정은 논외로 하겠다. 어차피 우리가 인공지능에게 바라는 역량이 아닐 테니 말이다.

AI가 이 논증 구조를 모사하거나 지원하려 할 때 가장 어려운 부분도 바로 이 '추론'이다. 단순한 데이터 분석이나 자연어 처리로 주장을 예쁘게 만드는 일은 할 수 있지만, 주장을 정당화하고 상대의 비판을 견디는 탄탄한 구조를 만들기 위해서는 이 네 요소의 조화를 파악하고 추론의 적절성을 판단할 수 있어야 한다. 특히 전략적 의사결정과 같이 고차원적 판단이 요구되는 영역에서는 단순히 "이것이 더 낫습니다"라고 말하는 것이 아니라, "왜 그런 지를 설명할 수 있는 구조"를 갖추어야 진짜 보조자 역할을 할 수 있다. 무비판적으로 인공지능의 말을 받아들이거나, 인공지능에게 모든 의사결정을 맡길 게 아니라면 인간지능의 추론을 이해하는 것이 인공지능 리터러시의 시작이 된다.

이렇듯 의사결정의 정수를 이루는 논증구조는 단순히 철학적 개념이 아니라, AI가 사람처럼 사고하기 위해 반드시 학습해야 할 프레임이며, 우리가 AI의 판단을 믿을 수 있게 만드는 기준이다. 또한 우리가 AI와의 협업 속에서 오판을 피하고, 기술에 대해 주도권을 유지할 수 있게 해주는 사고의 '뼈대backbone'이다. 그래서, 논리적인 것처럼 보이는 인공지능을 만드는 것보다, 실제로 논증적 사고를 하는 인공지능이 중요하다.

앞으로의 AI 시대에 살아갈 우리에게 필요한 것은 AI가 낸 정답을 얼마나 빨리 받아들이느냐가 아니라, 그 정답이 어떤 논증 구조 위에 서 있는지를 묻는 감각이다. 그리고 그 감각은 결국 추론을 이해하는 데서 시작된다. 다음 장에서는 이 추론을 구성하는 다양한 사고의 방식 – 연역, 귀납, 가추, 유추 – 를 하나씩 뜯어보며, AI와 인간이 각기 어떤 추론을 잘하고, 어떤 방식으로 함께 협력할 수 있는지에 대한 여정을 시작할 것이다.

연역, 귀납, 가추, 유추
- 추론의 네 가지 방식

사고의 핵심 구조인 논증과, 그 구조를 구성하는 주장·이유·증거·전제의 상호작용에 대해 살펴보았다. 그 과정에서 추론이란 이러한 요소들을 유기적으로 연결해주는 인지적 도약이며, 사고의 본질적인 원동력임을 강조했다. 이제 이 추론이라는 행위가 구체적으로 어떤 방식으로 이루어지는지 들여다볼 차례다. 인간은 결코 단일한 방식으로 생각하지 않는다. 오히려 다양한 인지적 경로를 활용해, 상황에 따라 유연하게 또는 엄격하게 판단을 내린다. 그 대표적인 네 가지 방식이 바로 연역, 귀납, 유추, 그리고 가추다.

가장 널리 알려진 사고 방식은 연역deduction이다. 연역은 보편적인 법칙이나 대전제를 출발점으로 삼아, 특정 사례에 적용함으로써 결론을 도출한다. "모든 사람은 죽는다"라는 대전제와 "소크라테스는 사람이다"라는 소전제를 통해 "소크라테스는 죽는다"는 결론을 이끌어내는 구조가 대표적이다. 연역은 논리적 엄밀성이 높고, 전제가 참일 경우 결론도 반드시 참이 된다는 점에서 매우 강력한 사고 방식이다. 하지만 보편 법칙이 전제되어야만 작동한다는 점에서, 실생활에서는 오히려 제약이 크다. 우리는 늘 완벽한 대전제를 확보하고 있는 것은 아니기 때문이다.

반대로 귀납induction은 개별적인 사례나 경험에서 출발해 일반적인 결론을 도출한다. 수많은 백조를 관찰했는데 모두 흰색이었다면, 우리는 "백조는 모두 흰색이다"라는 일반화를 하게 된다. 귀납은 경험 기반 사고에 적합하며, 특히 데이터 기반 과학에서 널리 사용된다. 그러나 그 자체로는 결코 확실한 결론을 보장하지 않는다. 아무리 많은 백조를 관찰했어도, 단 하나의 검은 백조가 등장하는 순간 귀납적 결론은 무너지기 때문이다. 그래서 귀납은 확률적 사고의 근간이 되지만, 항상 잠정적인 결론을 동반한다.

여기에 인간 고유의 창조적 사고가 들어가는 방식이 있다. 바로 가추abduction다. 가추는 귀납처럼 관찰된 사실에서 출발하지만, 거기서 가장 그럴듯한 원인을 상상해내는 방식이다. 우리가 병원에 갔을 때, 의사가 "열이 있고, 기침도 하며, 근육통도 있다면 아마 독감일 것이다"라고 말하는 것, 또는 '땅이 젖었으니, 비가 왔나봐.' 하는 것이 가추다. 즉, 주어진 증상을 보고 가장 개연성 있는 원인을 추론하는 것이다. 그러나 가추는 직관과 가설 설정에 가깝다. 따라서 창의성, 상상력, 직관의 영역에서 중요한 역할을 하며, 문제 해결이나 초기 가설 수립에 자주 활용된다.

마지막은 유추analogy다. 유추는 서로 다른 두 대상을 비교해, 유사한 관계나 구조를 바탕으로 결론을 도출하는 방식이다. "심장은 몸의 펌프다"라는 말은, 심장과 펌프 사이의 기능적 유사성을 바탕으로 생물학적 이해를 돕는 유추의 대표적 예다. '지구에 생명이 사는 이유를 화성도 가졌으니까 화성에도 생명이 살 거야.' 역시 유추다. 유추는 새로운 개념을 익숙한 개념과 연결할 수 있게 해 주며, 교육, 커뮤니케이션, 창의적 사고에서 매우 중요한 역할을 한다. AI 연구나 프로그래밍에서도 구조적 유사성을 통해 문제 해결 방식을 확장할 때 유추는 강력한 도구가 된다.

이 네 가지 추론 방식은 서로 독립적인 것이 아니다. 오히려 실제 사고에서는 이들 방식이 복합적으로 사용된다. 예를 들어 어떤 마케팅 전략을 수립할 때, 우리는 과거 데이터로부터 귀납적 경향을 파악하고, 그 경향을 바탕으로 특정 시장에 연역적 적용을 시도한다. 이와 동시에 예상치 못한 변수에 대해 가추적 진단을 내리고, 유사 업계의 사례를 유추하여 전략의 완성도를 높인다. 이처럼 인간의 판단은 다양한 추론을 넘나들며 이뤄진다.

AI가 인간과 협력하려면, 단순히 데이터를 분석하는 기능만으로는 부족하다. 인간처럼 사고하려면, 이러한 추론 방식을 얼마나 잘 모사하거나 보조할 수 있는지가 관건이 된다. 아직까지 인간은 하지 않는 전혀 새로운 방식의 추론방법 자체를 AI가 만들어 내지 못하고 있으며, AI가 아무리 많이 판단해도 의사결정의 마무리는 인간이 하려 할 것이기 때문이다. 지금까지의 AI는 대부분 귀납과 유추에 강했다. 데이터에서 패턴을 찾고, 유사한 상황을 연결하는 데에는 탁월했다. 그러나 연역처럼 명확한 논리적 설명을 요구하거나, 가추처럼 불완전한 상황에서 창의적인 해석을 해야 하는 경우에는 여전히 많은 한계가 존재한다. 누가 하든 이론적으로 의사결정 능력은 연역 – 귀납 – 유추 – 가추의 순으로 강하다. 그러니 우리는 연역과 가추 중심으로, AI는 귀납과 유추 중심으로 추론하고 협업하면 추론 전면을 커버할 수 있게 된다. 이게 인간지능과 인공지능의 황금균형의 기본이 된다.

인간지능으로 바라본 인공지능의 추론

최근, 인공지능 진영에서도 세계에서 "추론reasoning"이라는 단어는 점점 더 자주 등장하고 있다. 특히 2025년 이전의 챗GPT를 생성형 AI라 부르고, 그 이후를 추론 AI라 부를 정도로 인공지능 발전의 전환기를 상징하는 단어가 추론이다. 실제로, 최근 몇 년 사이 등장한 CoTChain of Thought, ReActReasoning and Acting, PSPlan and Solve, ReWOOReasoning without Observation 와 같은 다양한 기술적 용어들은 마치 AI가 인간처럼 생각하고 문제를 해결하는 것처럼 보이게 만든다. 그러나 이 기술적 표현들 뒤에는 철저히 형식 논리의 추론 방식들이 숨어 있으며, 이를 제대로 이해하지 못한다면 AI의 행동을 과대해석하거나, 심지어 완전히 오해할 위험이 있다. 다시 말하지만, 추론이란 단어를 형식논리학자들의 전유물로 독식하고, 공학자들에게 뺏기지 않게 하려는 의도가 아니다. 인간이 의사결정의 자율권을 유지하려 하는 한, 인간 지능 방식으로 인공지능 추론을 이해해야 높은 수준의 의사결정 능력을 유지할 수 있기 때문이다.

CoT는 '생각의 사슬'라는 이름에서 알 수 있듯, 다단계 추론을 통해 점진적으로 결론에 이르는 방식을 말한다. 이 방식은 기본적으로 연역적 사고에 가까운 구조를 지닌다. 예를 들어 "철수가 사과를 3개 샀고, 영희가 2개를 더 샀다면, 총 몇 개인가?"라는 질문에 대해 이 AI는 단순히 "5개"라고 답하지 않고, "철수가 3개를 샀고, 영희는 2개를 더 샀다. 따라서 3+2=5개"라는 식으로 단계적 추론을 펼친다. 이는 전제에서 결론으로 이르는 전통적 연역 논증의 형태다. 그러나 CoT가 언제나 올바른 추론을 한다고 믿는 것은 위험하다. 만약 전제가 잘못되었거나, 중간 단계에서 오류가 있다면 전체 결론이 잘못되더라도 '그럴듯해' 보일 수 있기 때문이다. 더 중요한 것은, 만약 지금의 인공지능이 확률적으로 주어진 최종 답을 인간에게 여러 단계로 고민하는 것처럼 보여지는 것이라면 이는 논리적 추론이라고 볼 수 없다는 점이다. 쉽게 말해, A에서 출발해서 D로 끝나는 추론의 고리가 있는데, A를 보고 D를 찍어놓은 후 마치 단계적으로 B, C, D를 한 것처럼 꾸며대는 건 추론이 아니라는 것이다. 이때 B, C, D 생각과정은 추론된 게 아니라 그냥 끼워맞추기 식으로 생성된 것이다. 실제로 이런 기미를 보인다는 논조가 1부 첫 장의 앤트로픽 연구진의 고백이었다. 논리적

이냐 아니냐가 중요한 이유는 절차를 논할 수 없고, 받아들이냐 아니냐의 문제만 남는 답이 된다는 의미가 되므로 이를 따져보는 것은 중요한 문제가 된다.

 ReAct는 추론과 행동을 번갈아 가며 수행하는 방식이다. 질문을 받으면 AI는 추론을 통해 다음 행동을 정하고, 행동으로부터 새로운 정보를 얻은 후 다시 추론에 들어간다. 이는 인간의 탐색적 분석과 유사하며, 귀납과 유추의 혼합 구조를 따른다. 예컨대 미지의 환경에서 보물을 찾는 게임에서 AI는 "오른쪽으로 한 칸 이동하면 문이 있을까?"라는 가설을 세우고 실제로 이동한 후 결과를 바탕으로 다음 결정을 내린다. 이 과정은 관찰을 바탕으로 일반화하고 유사한 상황에서 반복을 통해 규칙을 만들어 가는 귀납적 추론이 중심이며, 동시에 과거 사례에서 유사한 결과를 추론하는 유추도 함께 작동한다. 그러나 ReAct 역시 '잘못된 유사성'을 기반으로 결정을 내릴 수 있다는 약점이 있다. 이전에 왼쪽에 열쇠가 있었다고 해서 이번에도 왼쪽에 있을 거라는 추론은 틀릴 수 있다. 귀납과 유추의 한계, 즉 '가능성은 있지만 확실하지 않다'는 점을 이해하지 못한다면, ReAct는 '모험적이지만 어리석은' 추론으로 전락할 수 있다.

 PS는 말 그대로 먼저 계획을 세우고, 그 계획에 따라 문제를 해결하는 방식이다. 형식 논리로 보면 PS는 연역적 구조 위에 가추적 사고가 덧붙여진 구조라고 할 수 있다. 먼저 AI는 '어떤 경로로 해결할 것인가'를 상상하며 가설을 세운다(가추), 그리고 그 가설이 실제로 문제를 해결할 수 있는지를 단계적으로 검토하며 적용한다(연역). 예를 들어, "마을에서 산까지 가장 빠르게 가는 길을 찾으라"는 문제에서, AI는 여러 가능한 경로를 머릿속에 그린 후(가추), 각 경로를 시뮬레이션하며 최적 해를 도출한다(연역). 그러나 이 과정에서 '가능한 계획' 중 '현실적인 계획'이 누락될 수 있으며, 가추의 한계, 즉 얼마나 '좋은 가설을 세우는가?'가 전체 성능의 상한을 결정하게 된다. PS는 그래서 계획 자체를 틀리게 세우면 아무리 연역을 잘해도 틀린 길로 들어서게 된다.

ReWOO는 매우 흥미로운 접근이다. 말 그대로, 외부 관찰 없이 주어진 내부 정보만으로 추론을 수행하는 방식이다. 이는 마치 인간이 아무런 추가 관찰 없이 머릿속에서만 문제를 해결하려는 방식과 유사하며, 특히 연역적 추론과 유사한 구조를 가진다. 그러나 때로는 과거 정보에서 출발해 가설을 세우는 가추적 사고도 함께 작동한다. 문제는 이 방식이 '사실 확인' 없이 이뤄지기 때문에, 첫 단추가 틀리면 전체 추론 구조가 무너질 위험이 있다. 예를 들어, "모든 고양이는 물을 싫어한다"는 잘못된 전제를 가지고 "이 동물은 고양이니까 물을 싫어할 것이다"라고 결론을 내릴 경우, 관찰 없이 내린 연역적 판단이 잘못될 수 있다. ReWOO는 특히 '자기 확신형 오류' – 틀린 신념을 정제된 추론으로 포장하는 – 에 취약하다.

이 네 가지 AI 추론 방식은 모두 그럴듯한 이름을 달고 있지만, 결국 각기 다른 형식 논리의 추론 방식에 기반한다. 중요한 것은 그 이름들 만을 외우거나 구체적인 작동 방식만을 기술적으로 파악하는 것이 아니라, 그 기반에 놓인 추론 방식의 한계와 특징을 이해하는 것이다. 그래야만 AI가 왜 틀릴 수 있는지, 어떤 경우에 의심해야 하는지를 알 수 있다. 예를 들어, ReAct 방식이 유연해 보여서 모든 문제에 적합하다고 오해하거나, CoT의 사고 과정이 길다고 해서 무조건 신뢰할 수 있다고 생각하는 건, 기술적 외피에 현혹되어 본질을 놓치는 전형적인 오류다. 향후 어떤 새로운 인공지능 추론 모형이 나와도 그 내재적 추론형식이 무엇인지 파악할 수만 있다면 적절한 비판질문을 만들어 낼 수 있다. 만약 인공지능이 연역적 추론을 썼을 것 같으면 대전제의 보편타당성만을 집요하게 물어보면 되고, 귀납적 추론을 썼을 것 같으면 데이터의 대표성만 줄기차게 요구하면 되며, 유추를 사용했을 것 같으면 구조적 특성이 비슷한 사례들을 비교한 게 맞냐고 다그치면 된다. 인공지능도 이런 질문에 답을 해야 하는 것은 매한가지이며, 의사결정자 앞에서 특별 취급을 받을 필요는 없다.

의사결정 에이전트와 추론 생태계

추론관점으로 인공지능 담론을 이해하는 과정을 개인이 아니라 조직 단위로 옮겨보자. 조직에서 인공지능을 도입한다는 것은 단순히 특정 업무의 자동화를 의미하지 않는다. 그것은 보다 근본적으로, 인간이 담당하던 '추론'의 일부를 기계에게 맡기겠다는 뜻이다. 인공지능은 점차 더 정교한 의사결정 도구로 진화하고 있으며, 우리는 그 속에서 인간과 기계가 함께 사고하고 판단하는 새로운 협업의 패러다임을 구축해 나가고 있다. 그러나 이 가능성을 현실화하려면 먼저 한 가지 질문부터 짚고 넘어가야 한다. 원래 우리 조직은 어떻게 추론하고 있는가?

앞서 설명한대로 의사결정은 논증(주장 - 이유 - 증거 - 전제)간 타협으로 이뤄지며, 각각 논증 요소를 이어주는 생각의 도약이 추론이라고 했다. 논증 요소들이 벽돌이라면 벽돌과 벽돌을 단단하게 붙이는 시멘트가 추론인 것이다. 그런데 조직은 매일 전략적, 운영적 의사결정을 끊임없이 반복하고 있으며, 이들 결정은 모두 어떤 형태로든 논증 속 추론 과정을 거친다. 특히 기업이라는 유기체에서 추론은 몇 가지 중요한 특성을 가진다.

첫째, 의사결정의 종류에 따라 논증 구조 속 어느 영역의 추론이 아킬레스 건인지가 달라진다. 전략적 의사결정은 '우리가 어떤 기준으로 판단해야 하는가'라는 질문에 답하며, 여기서 중요한 것은 '대전제'다. 즉, 대전제는 판단을 위한 판단이며, 대전제가 증거 - 이유 - 주장 전체를 떠받히는 추론 기능이 약하면 전략적 의사결정은 순식간에 와르르 무너진다. 예를 들어 "올해는 수익성이 중요하다"라는 대전제는 이후 수많은 전략적 선택 - 제품 기획, 투자 방향, 조직 설계 등 - 의 판단 기준이 되는 것이다. 이런 식으로 봤을 때, 대전제 중 가장 근원에는 경영철학이 있다. 기업체에서 경영철학은 모든 전제들의 전제이다. 철학이 없는 기업은 대전제도 약하고 의사결정의 일관성과 효율성이 떨어진다. 경영철학과 같은 행동양식은 대부분 사람들에게 암묵지 형태로 녹아 있다. 쉽게 말해 인공지능이 학습할 수 있는 대상과는 거리가 먼 것이다. 한편 운영적 의사결정은 주로 증거 기반의 선택이 중심이다. 다른 논증요소는 대체로 고정된 상태이다. 그래서 이유와 증거 사이의 추론이 가장 중요하다. 어느 지역에 물류를 더 배치할 것인가, 어떤 고객에게 먼저 연락할 것인가 등의 결정은 데이터와 확률, 실적과 비용 등의 정보로 뒷받침된다. 그래서 데이터 과학이 증거와 이유사이를 강화하는 특효약이 된다. 데이터 과학의 다른 이름이 '증거evidence의 학문'인 이유이다.

두 번째 특징은, 실제로 대부분의 조직 내 의사결정, 즉 논증의 형태가 놀라울 정도로 연역적 추론을 닮아 있다는 점이다. 연역적 추론은 이론적으로 모든 추론 형태중 논증능력이 가장 강하다. 일반적으로 "대전제 → 소전제 → 결론"의 구조를 갖는데, 조직에서도 이 구조를 가장 많이 활용한다. 예컨대 "고객 불만은 이탈로 이어진다"(대전제), "최근 고객 불만이 증가하고 있다"(소전제), 따라서 "이탈률이 높아질 것이다"(결론)라는 식이다. 이에 대한 이유는 명확하지 않지만 현상적으로 분명하다. 아마도 상위 관리자나 외부 이해관계자에게 설명할 때 설득하기가 용이하기도 하고 말한 사람이 책임을 질 수 있어서가 아닐까 싶다. 또한 연역적 추론이 이론상 다른 추론들보다 설득능력이 높기 때문에 본능적으로 자신의 논증을 돋보이게 하려는 인간의 욕망과도 관련이 깊을 것으로 생각된다. 연역이 아닌 귀납적 추론 형식으로 전략적 의사결정을 하는 회사는 별로 없다. 참고로, '논리의 기술'이란 기념비적인 책의 저자, 바바라 민토는 귀납적 추론이 연역적 추론 대비 우월하다고 주장했는데, 이는 반만 맞고 반은 틀린 말이다. 증거가 많으면(즉, 귀납적 관찰의 양이 많으면) 의사결정이 쉽다는 의미로는 타당하지만, 귀납적 구조가 연역적 구조보다 본질적으로 더 높은 논증능력을 갖는다고는 볼 수 없다. 극단적인 예로 "A, B, C회사 모두 이런 전략을 취하니 우리도 취해야 합니다"라는 방식의 귀납적 추론으로는 고급 의사결정자를 설득하기 어렵다.

세 번째 중요한 점은, 조직의 많은 추론이 연역적 구조를 닮아 있으면서도 그 전제들을 형성하기 위해 귀납, 유추, 가추와 같은 다른 형태의 추론이 일종의 루프를 그리며 작동한다는 사실이다. 예를 들어 과거 고객 이탈 패턴을 다각도로 분석해 "고객 불만은 이탈로 이어진다"는 대전제를 도출하는 것은 귀납이다. 하지만 유사 산업에서 고객 경험 혁신이 이탈률 감소에 기여한 사례를 참조하는 것은 유추이며, 아예 보이지 않는 원인을 추측해내는 것은 가추다. 그러나 이런 추론들이 아무리 강력해도, 조직 내에서 그것이 작동하려면 결국 설명 가능성과 정당성을 갖춘 '연역적 서사'로 포장되어야 한다. 조직은 다른 추론들을 연역이라는 구조 속에 통합해 판단과 책임을 명확히 하려는 경향이 있다. 우리가 아무리 많은 추론을 해도 가추와 유추는 귀납 추론을 위한 좋은 관찰데이터를 선별하는데 도움이 되고, 그로 인해 나온 귀납적 추론은 다시 연역적 추론의 좋은 대전제 역할을 하게 한다는 거대한 추론 생태계가 존재한다고 볼 수 있다.

이 특징은 이렇게 설명할 수도 있다. 현업 개개인의 가추와 유추가 강한 조직은 데이터 과학자의 귀납이 강한 조직이 되고, 결국 최종 의사결정자의 연역적 추론이 강한 조직이 된다고 말이다. 이들 추론은 조직 차원에서 서로 순서를 두고 연결되어 있다. 그러니 조직의 AI 관련 변화 관리를 고려하는 상위 의사결정자는 특정 분야에서 성공사례를 잘 만들어내는 것도 중요하지만, 조직 내 추론의 물결이 연쇄 반응하는지를 꼼꼼히 봐야 한다. 이런 연쇄 반응 에너지가 있는 상태에서만 인공지능 도입이 날개를 달 듯 힘을 발휘하게 된다.

자 그럼, 문제는 인공지능의 역할이다. 1부에서 논의한대로, 오늘날 대중적인 인공지능들은 대부분 대표적인 '귀납적 추론'에 해당한다. 이 방식은 관찰 가능한 데이터로부터 반복적인 패턴이나 경향을 추출하여 일반화된 규칙을 도출하는 과정을 의미한다. 예를 들어, 고객 이탈이 특정 구매 패턴이나 행동과 반복적으로 연결되어 있을 경우, 인공지능은 이를 기반으로 이탈 가능성이 높은 고객을 예측한다. 이는 본질적으로 과거의 경험을 토대로 미래를 예측하는 방식이며, 통계적 상관관계에 의존한다는 점에서 전통적인 의미의 귀납과 유사하다. 최근의 대형 언어모델이나 생성형 AI가 보이는 다양한 사고 양상 – 가령 유추적, 설명적, 연역적 추론처럼 보이는 표현 – 역시 대부분은 훈련 데이터에서 추출된 반복적 패턴의 조합이며, 궁극적으로는 귀납적 범주 안에 머무르는 것으로 볼 수 있다.

이러한 특성은 인공지능이 반복적이고 운영적인 의사결정에 강점을 보이는 이유이지만, 동시에 전략적 판단에서 필요한 '좋은 대전제'를 창출하는 데 있어 중요한 한계를 노출한다. 귀납은 반복된 경험을 통해 일반화를 시도하지만, 그 결과는 언제든 반례에 의해 무너질 수 있다. 특히 전략적 의사결정처럼 불확실성과 미래지향성이 강한 상황에서는, 데이터 기반의 귀납만으로는 충분한 근거를 확보하기 어렵다. 귀납적 추론은 방대한 데이터를 통해 패턴을 발견하고 일반화하는 데 적합하며, 유추는 유사성을 기반으로 새로운 상황에 대한 예측을 가능하게 한다. 이들은 오늘날 인공지능이 가장 잘 수행하는 영역이다. 반면 가추는 여전히 인간의 직관과 창의성에 의존하고 있으며, 연역적 추론에서 핵심이 되는 '대전제의 설정' 역시 인공지능 혼자서는 어렵다. 특히 전략적 의사결정에서는 이 대전제가 미래에 대한 믿음이나 비전, 가치관 같은 정성적 요소에서 출발하는 경우가 많다. 데이터만으로는 미래를 직접 관찰할 수 없기에, 인공지능은 여기에서 명확한 한계를 드러낸다. 여기에서 다시한번 오묘한 조화가 이뤄나는데, 전략적 의사결정은 연역과 가추적 추론이 강해 인간지능이 우월하지만, 운영적 의사결정은 귀납과 유추가 강해 인공지능이 더 잘한다. 이게 의사결정 종류를 감안한 인공지능과 인간지능의 확장된 황금균형이다.

우리의 의사결정은 대부분 연역적 추론 형태를 띠는데, 인공지능은 이 추론이 가장 약하다.

사실, 과학철학에서도 귀납적 추론의 한계는 오래전부터 제기되어 왔다. 데이비드 흄은 "귀납은 논리적으로 보장되지 않는다"고 보았으며, 과거의 사례가 아무리 반복되더라도 미래에도 동일하게 발생할 것이라는 보장은 없다는 '귀납의 문제'를 제기했다. 이는 조직이 과거 데이터를 기반으로 패턴을 일반화하고, 그것을 대전제로 삼는 데 본질적인 불확실성이 따름을 의미한다. 더불어 칼 포퍼는 과학 이론조차도 귀납이 아니라 반증 가능성을 중심으로 구성되어야 한다고 주장하며, 귀납의 논리적 정당성을 부정했다. 즉, 아무리 많은 데이터를 관

추론 방식	추론 종류별 인공지능의 상대적 강점	대표적 예시
연역	**낮음**: 명확하고 보편 타당한 대전제가 있을 때만 가능하며, 전제 설정이 인간에 의존적이다.	전략적 판단에서 비전이나 가치관 같은 정성적 요소에서 출발하는 전제 설정은 인공지능만으로 어렵다.
귀납	**높음**: 방대한 데이터를 통해 패턴을 발견하고 일반화하는 데 탁월하다. 대체적으로 데이터의 양이 많을수록 패턴이 신뢰받을 가능성이 높아진다.	금융 분야의 이상 거래 탐지 시스템이 데이터에서 이상 패턴을 찾아내는 과정
가추	**낮음**: 직관적이고 때론 창의적인 영역으로, 인공지능이 제한적으로 활용 가능하나 인간의 직관이 더 강력하다. 가설적 원인에 대한 사전 정보가 잘 정리된 경우에만 유의미한 추론이 가능하다.	의료 진단에서 증상 데이터를 토대로 특정 질병을 가장 개연성 있는 원인으로 추정하는 과정
유추	**중간**: 구조적 유사성을 기반으로 새로운 상황에 대한 예측에 적합하다. 단, 피상적 현상으로 구조적 유사성을 파악하는 데는 한계가 있다.	Meta의 Cicero 시스템이 복잡한 외교 게임에서 인간 플레이어의 신념과 의도를 유추하여 대응 전략을 수립한 사례

찰해도 진리를 확증할 수 없으며, 귀납은 언제든지 새로운 사례에 의해 뒤집힐 수 있는 불안정한 추론 방식이라는 것이다. 이러한 논의들은 인공지능이 데이터를 바탕으로 자동으로 대전제를 구성하려 할 때, 그것이 의사결정의 근거로서 충분한 신뢰를 가질 수 있는지를 다시 묻게 한다.

따라서 조직이 인공지능을 도입해 의사결정의 효율성을 높이고자 한다면, 본질적으로는 다양한 형태의 추론이 유기적으로 순환하는 추론 생태계를 구축하는 작업이 필요하다. 귀납과 유추는 인공지능이, 가추와 연역의 최종 결정은 인간이 맡되, 서로를 보완하고 연결하는 구조가 되어야 한다. 이를 '휴먼 인 더 루프Human-in-the-Loop'라고 부른다. 이 체계가 잘 작동하면, 특정 과제 하나를 넘어서 조직 전체의 의사결정 흐름이 '지속 가능하게 자동화'될 수 있다. 특히 이 추론 루프가 자연스럽게 작동할수록, 전략적 결정에서도 '속도와 정확도'를 동시에 추구할 수 있다. 이런 경지의 의사결정은 인류가 이전에는 경험하지 못한 새로운 조직 의사결정 역량의 지평을 여는 것이다. 모두가 알다시피 일반적으로 의사결정의 속도와 정확도는 대부분 반비례 관계였기 때문이다.

이 모든 내용을 이해했다면 우린 큰 화두 하나를 만나게 된다. '인공지능이 연역적 추론까지 잘하게 하는 것이, 운영적 의사결정을 넘어 전략적 의사결정까지 담당하게 하는 분수령이 된다. 그렇다면 연역적 추론의 핵심인 보편 타당한 대전제를 어떻게 확보하게 할 것인가?'이다.

100개의 의사결정이 있다면, 그에 걸맞은 연역적 형식을 띤 판단을 뒷받침할 수 있는 대전제가 필요하다. 그 대전제가 없다면 연역도, 의사결정 자동화도, 의사결정 에이전트 설계도 불가능하다. 그렇다면 데이터로부터 도출된 귀납과 유추가 그 모든 전제를 만들 수 있을 것인가? 쉽지 않을 거다. 귀납추론의 태생적 한계 때문에도 그렇고, 데이터가 부족하기 때문에도 그렇다. 운영적 결정에서는 어느 정도 가능할 수 있다. 그러나 전략적 결정은 본질적으로 미래를 상상하고 설계하는 작업이며, 이는 데이터를 통해 복원하기 힘든 인간 고유의 추론 능력이다. 앞서 설명한 CoT, ReAct, PS, ReWOO 등 인공지능 진영의 추론 방법론도 이런 목적 하에서 논의되고 설명되어야 한다. 특히 인공지능 공부를 하면서 추론의 의미를 처음 접했다면, 인공지능적 추론이 본래 추론의 원형인 것처럼 오해해서는 안될 것이다. 그러면 공학적 용어에는 강하나 고난이도 의사결정을 하기에는 부족할 수 있다.

인공지능 전략의 핵심 프레임웍:
지식 X 추론

문제 대비 우리가 가진 귀납적 추론의 설명력이 부족하면 우리는 문제해결에 한계를 갖는다. 인공지능이 '좋은 연역적 대전제를 구성할 수 있는가'라는 문제에서 그 한계를 설명해왔다. 그러니 어떻게 하면 인공지능이 연역추론에 맞는 대전제를 구하게 할 것인가를 고민해야 하는 게 인공지능 리터러시의 핵심이다. 그런데 이 문제에 돌입하기 전에 우리가 생각의 전선을 더 넓혀야 할 것이 있다. 그것은 추론의 재료, 지식에 관한 것이다.

'추론은 반드시 기존 생각의 재료가 있어야 시작된다'고 했다. 우리는 이 생각의 재료를 흔히 '지식'이라고 부른다. 추론은 직관처럼 무의식적 도약이 아니라, 어떤 근거로부터 새로운 의미를 도출해내는 사고의 전환이다. 그리고 그 근거는 언제나 지식에서 비롯된다. 이 말은 곧, 인공지능이 추론을 한다는 것은 결국 어떤 형태로든 기존 지식을 기반으로 새로운 지식을 만들어낸다는 것을 의미한다. 인공지능은 지식을 다루는 기계이며, 추론은 지식을 가공하고 재배열하는 기능이라고 해석할 수 있다. 그렇다면 우리가 다음으로 물어야 할 질문은 이렇다. '인간은 어떤 지식들을 다루며 추론하는가?'

지식은 크게 세 가지로 나눌 수 있다. 바로 경험지식, 정보지식, 논리지식이다.

구분	정의	예시	AI에서의 처리
논리지식	규칙, 원칙, 법칙처럼 추상화되고 일반화된 지식	"법인카드는 회사 정책상 50만원 이상 사용 금지", "이탈 고객은 3개월 후 다시 돌아올 확률이 낮다"	심볼릭 AI가 활용할 수 있도록 명시적 규칙으로 표현됨
경험지식	개인이 직접 겪고 체화한 지식. 문서화되기 어려운 경우가 많음	"이 고객은 말은 저렇게 해도 이탈할 확률이 높다"는 현장 감각, 제품을 개발해보며 얻은 직관, 위기상황에서의 대응 노하우	인간 전문가의 뇌 속에 내재되며, AI가 직접 학습하기 어려움. 사례 기반 추론(CBR)이나 인간과의 상호작용을 통해 보완
정보지식	수집된 데이터나 문서로 표현된 명시적 지식	판매 데이터, 고객 리뷰, 보고서, 논문	주로 딥러닝 모델이 학습

인공지능을 고려할 때는 인공지능 자체보다 인공지능의 재료가 되는 지식 형태까지 두루두루 고려해야 인간에 가까운 인공지능에 접근할 수 있다.

첫째, 경험지식은 직접 몸으로 겪은 사건, 체험, 시행착오에서 비롯되는 지식이다. 예를 들어, 한 관리자가 "이 고객은 아마 다시는 돌아오지 않을 것이다"라고 말할 때, 그 판단은 수십 건의 유사한 상황을 통해 형성된 체감과 직관에서 비롯된다. 이러한 경험지식은 데이터화되기 어렵고, 종종 암묵지 형태로 남지만, 추론의 방향을 결정하거나 품질에 결정적 영향을 미친다.

둘째, 정보지식은 인간이 문자, 숫자, 기호, 이미지, 음성, 영상 등으로 남긴 데이터다. 근래에는 대부분 디지털 시스템이 저장한 데이터들이다. 보고서, 수치, 지표, 차트, 로그 데이터 등이 여기에 속한다. 이른바 빅데이터는 대부분 이 영역에 속하며, 오늘날 인공지능이 주로 다루는 지식도 이 정보지식이다. 예컨대, 특정 고객군의 클릭 패턴, 구매 빈도, 리뷰 감성 등의 데이터를 통해 패턴을 파악하고 의사결정을 보조한다. 1부에서 얘기한 데이터는 거의 정보지식이다.

셋째, 논리지식은 관찰이나 경험을 하지 않아도 사고를 통해 도출할 수 있는 추상적이고 규칙 기반의 지식이다. 기본적으로 전제가 참이라면 결론이 참이어서 얻어진 지식들이다. 논리지식은 연역적 추론, 특히 3단 논법과 깊은 관련을 가지고 있다. "모든 사람은 죽는다. (대전제) 〉 소크라테스는 사람이다. (소전제) 〉 그러므로, 소크라테스는 죽는다. (결론)" 처럼 말이다. 우리는 소크라테스를 직접 만나본 적도 없고 그의 심박수 데이터를 보지도 못했지만, 반드시 죽을 거라는 걸 논리적으로 안다. 논리는 다양한 사례와 결과 간의 인과관계를 종합하여 도출한 정제된 규칙이다. 이는 대개 개념, 분류, 관계, 조건문, 추론 규칙 등의 형태로 표현되며, 설명력과 일반성이 높다.

종합하면, 같은 고객센터에서도 다음의 세 가지 다른 형태의 데이터 수집이 가능하다.

정보지식: 고객이 최근 3개월간 사용량이 줄었고, 불만 리뷰를 남겼다는 데이터

경험지식: "이 고객은 평소에도 감정적으로 대응하는 분이고, 지난번에도 위약금 언급에 민감했다"는 상담원의 기억과 감각

논리지식: "3개월 연속 사용량 감소 + 불만 리뷰 2회 → 리텐션 프로모션 대상"이라는 CRM 규칙

눈치챘겠지만, 각각의 지식영역은 오묘하게 앞서 깊게 알아본 형식논리상의 추론들과 선호되는 궁합이 있다. 정보지식은 귀납, 논리지식은 연역, 그리고 경험적 직관은 가추와 유추의 소중한 자산이 된다. 그러니 인공지능이 모든 추론을 잘 할 수 있게 해야 한다는 말은 인공지능이 이 세가지 지식을 골고루 섭취해야 한다는 말과 같다.

그래서 다시 한번, '인공지능은 데이터(정보지식)가 핵심이다.'라고 이해하는 사람은 계속 큰 틀을 놓치게 된다. 문제는 명확해진다. 오늘날 우리가 말하는 인공지능, 특히 데이터 중심 AI는 이 세 가지 지식

중 주로 정보지식만을 주로 활용하고 있다. 빅데이터 말이다. 경험지식은 암묵지 형태로 인간의 몸과 기억 속에 스며들어 있으며, 논리지식은 조직 내에 구조화되지 않은 채 흩어져 있거나 심지어 최소한의 합의도 되지 않은 경우가 많다.

데이터 중심 인공지능은 '귀납×정보지식' 조합에만 의존하고 있고, 이는 본질적으로 추론의 다양성과 지식 종합 능력에서 커다란 한계를 낳는다. 아직도 마음속으로 정보지식만 주로 보면 되는 거 아냐? 라고 생각하고 있다면 이 말을 기억하자. 다루는 지식의 문제는 구사할 수 있는 추론 종류의 문제와 직결되어 있다. 귀납추론만 잘하는 조직이 더 많은 추론을 조화롭게 하는 조직을 이겨낼 수는 없다.

경험지식은 말로 꺼내기 어렵고, 논리지식은 쉽게 체계화되지 않으며, 정보지식은 시간이 흐를수록 설명력을 잃는다. 이 셋 모두는 우리가 의사결정과 문제해결 하는데 하나도 빼놓을 수 없는 자원들이다. 그럼에도 우리는 아직도 '데이터(정보지식)가 많으면 좋은 판단이 나올 것'이라는 생각에 머물러 있다. 2025년 현재 거의 대부분의 전문가와 미디어가 가정을 기반으로 얘기하기 때문이다. 이로 인해 인공지능 활용 역시 정보지식에만 과도하게 집중하게 되고, 경험과 논리를 소외시켜 버린다. 하지만 진정한 의사결정 자동화와 에이전트는 이 세 가지 지식을 통합적으로 다루며, 동시에 추론의 4대 방식(연역, 귀납, 유추, 가추)을 두루 활용하는 생태계를 갖는다. (추론의 종류는 사실 이보다 많으나, 논의의 편의를 위해 생략한다.) 그러니 적어도 인공지능이 인간에 준하거나 넘어선다는 담론을 얘기하는 사람은 아래 모든 물음표를 어떻게 채울지에 대한 자기 의견이 있어야 한다.

인공지능이 어떻게 모든 칸을 채우게 할지를 궁리하는 것이 인공지능 리터러시의 핵심이다.

		추론 유형			
		연역	귀납	유추	가추
지식 유형	경험지식	?	?	?	?
	정보지식	?	강함	보통	?
	논리지식	?	?	?	?

위 표가 어찌 보면 약간은 억지스럽고, 잠정적인 결론일수 있다. 왜냐하면 대부분의 지식과 추론은 하나의 문제해결 상황에서 혼용되고 구분이 모호하기에 위 표처럼 딱 떨어지지 않는다. 게다가 우린 지금 논리적 추론만을 다루고 있는데 사람은 논리적 추론을 벗어나서도 멋진 의사결정을 할 때가 많다. 일론 머스크의 뉴럴링크와 같은 완전히 새로운 기술이 나온다면 우리와 인공지능이 추론을 다루는 방식은 완전히 바뀔 수도 있다. 예를 들어 컴퓨터와 뇌를 직접 연결하면 전혀

다른 형태의 데이터 채집 및 운용이 가능하기 때문이다. 뇌파의 패턴을 파악해 가추적 추론을 구사하게 될 수도 있다. 그래도 차근차근 하나씩 살펴보며 '인공지능에 대한 생각의 외연'을 최대한 넓혀보자. 적어도 '정보지식×귀납추론'이 전부인줄 아는 지점에서는 많이 벗어나지 않았는가?

대한민국 인공지능 추월전략, 경험지식의 논리지식화

지식과 추론의 종류를 억지로라도 표로 만들어 이해하는 것이 거시적으로 어떤 유익함을 주는지 얘기해 보자. 예를 들면, 거시적인 인공지능 전략을 짤 때 좋은 생각틀이 될 수 있다. 대한민국은 세계에서 가장 빠르고, 가장 촘촘하게 디지털화된 사회 중 하나다. 지하철에서 와이파이가 끊기지 않는 거의 유일한 나라이고, 스마트폰 보급률은 95%를 상회하며, 세계 최초로 5G를 상용화한 국가이기도 하다. 2022년 기준으로 한국의 국민 1인당 월간 모바일 데이터 사용량은 세계 1위이며, 정부는 수천 개의 공공 데이터를 개방하고 있다. 국세청, 건강보험공단, 행정안전부, 질병관리청에 이르기까지 국민의 삶과 직접적으로 연결된 수많은 데이터를 거의 실시간으로 수집하고 있으며, 그 구조화 정도 또한 세계 최고 수준이다. 이처럼 방대한 정보 수집 능력과 정교한 디지털 인프라는 분명히 한국이 갖는 가장 큰 자산 중 하나다. 한국은 확실히 정보지식 중심의 경쟁에서는 선도중에 선도국가이다. 하지만 지금 우리는 그 정보지식이 실제 경쟁력으로 전환되고 있는지를 냉정히 묻지 않으면 안 되는 시점에 와 있다. 데이터가 아무리 많아도 그것이 생각의 틀로 바뀌지 않는다면 결국 수치 놀음에 머무르고 만다. 통계는 넘쳐나지만 판단은 흔들리는 사회, 분석은 넘쳐나지만 전략이 없는 조직이 되는 것이다.

게다가 한국은 정보지식만 강한 나라가 아니다. 오히려 더 큰 강점은 이 나라가 가진 경험지식에 있다. 제조업, 건설, 의료, 교육, 서비스, 유통 등 거의 모든 산업 현장에서 수십 년간 축적된 인간의 판단과 암묵적 노하우는, 그 어떤 데이터보다 풍부하고, 정교하고, 현실적이다. 현장의 기술자들은 데이터로는 측정되지 않는 '느낌'을 가지고 있다. 어떤 기계가 이상 징후를 보이기 직전의 진동, 고객이 불만을 품었을 때 말투의 미세한 변화, 원자재의 밀도를 손끝으로 감지해내는 감각. 이것들은 모두 수천 번의 반복, 수만 번의 실패와 성공을 통해 체득된 암묵지, 즉 경험지식이다. AI가 학습하는 데이터셋에 이런 정보는 들어있지 않다. 하지만 실제 문제 해결에서는 바로 이런 '감각'이 결정적인 역할을 한다. 현장 엔지니어의 감각 자체를 모형화 할 생각은 안하고, 그 엔지니어의 판단의 결과값만 모형화 하려고 한다. 예전에는 엄두도 못 냈으나, 이제는 각종 데이터 기술의 발달로 가능 해졌다. 일론 머스크는 뇌와 컴퓨터를 직접 연결한다고 하지 않는가! 그러니 정보지식 중심에서 경험과 논리지식이 가미된 인공지능으로 인식 전환이 중요한 때이다. 기존 고정관점에 머무르고 있을 때가 아니다. 귀납적 추론만으로는 원래 불안하다. 데이터를 더 쌓는다고 되는 문제가 아니다.

한국은 바로 이런 현장의 감각과 축적된 직관이 넘쳐나는 나라다. 삼성, LG, 현대, SK 등 제조 대기업은 말할 것도 없고, 전국 방방곡곡의 중견·중소기업 현장에는 장인과 같은 기능인들이 지금도 일하고 있다. 한 명의 금형 전문가가 손으로 공차를 맞추는 능력, 자동차 엔진 소리만 듣고 이상 여부를 판단하는 30년 경력의 정비사, 공정 이상을 눈으로 먼저 발견하는 생산 라인의 오퍼레이터. 이들은 모두 살아 있는 경험지식의 보고다.

문제는 이 경험이 대물림되지 않는다는 점이다. 대부분은 머릿속에 저장된 채, 문서화되지 않고, 매뉴얼로 전환되지 않으며, 시스템에 반영되지 않는다. 베테랑이 퇴직하면 그와 함께 수십 년의 경험도 조직에서 사라진다. 젊은 인력은 데이터를 배우지만, 경험을 계승하지 못한다. 조직은 데이터는 쌓지만, 노하우는 잃는다.

이야말로 지금 한국이 가장 시급히 해결해야 할 지식 전략의 허점이다. 경험은 분명히 존재한다. 다만 기록되지 않고, 표현되지 않고, 분석되지 않을 뿐이다. 여기서 필요한 것이 바로 논리지식화이다. 논리지식이란 단순히 원칙이나 이론이 아니다. 그것은 경험을 기반으로 하되 반복 가능한 구조로 재구성된 지식이다. "이 조건일 때는 이런 판단이 옳다", "이런 변수들이 나타나면 이 방향으로 대응해야 한다"는 사고의 프레임, 판단의 알고리즘, 결정의 전제 조건을 뜻한다.

한국은 이 '경험을 논리로 바꾸는 작업'에 무관심한 측면이 있다. 정부의 AI 전략도 대부분은 데이터 수집과 분석 기술에 집중돼 있다. 그러나 진짜 경쟁력은 누가 데이터를 많이 갖고 있는가 가 아니라, 누가 그 데이터를 어떤 관점에서 해석하고 활용할 수 있는가에 달려 있다. 인공지능은 판단하지 않는다. 학습된 결과를 토대로 예측할 뿐이다. 그 예측을 어떤 맥락에서, 어떤 기준으로, 어떤 전제 아래 해석하고 적용할지는 인간의 몫이다. 그리고 그 전제를 만드는 힘이 바로 논리지식이다.

한국은 이 논리지식을 만들 수 있는 토양을 갖고 있다. 높은 교육 수준, 수학적 사고력이 강한 인재들, 그리고 무엇보다 풍부한 산업 현장의 경험이 결합되어 있다. 예컨대 삼성전자는 반도체 공정에서 머신러닝 기술만으로는 품질 개선이 어려운 문제를, 베테랑 공정 엔지니어의 경험적 판단을 수식화하여 AI에 적용함으로써 해결한 바 있다. LG화학은 배터리 불량 원인 분석에 있어 단순한 데이터 분석보다 생산팀의 관찰 결과와 문제 해결 루틴을 반영해 AI모델을 보완함으로써 오탐률을 획기적으로 낮추었다.

이러한 시도들은 모두 한국이 단순한 '데이터 기반 AI' 국가가 아닌, '통합 지식 기반 AI' 국가로 도약할 수 있다는 가능성을 보여준다. 미국과 중국처럼 데이터량과 자본이 압도적인 나라들과 정면 승부를 하려면, 우리는 '양'이 아니라 '질'로 승부해야 한다. 그 질은 바로 경험지식을 논리지식으로 추출하는 힘에서 나온다. 이런 과정이 앞선 연역 추론의 핵심인 좋은 대전제를 확보하는 또다른 강력한 원천이 된다.

이제 한국은 결단해야 한다. 정보지식 중심 전략만으로는 AI 시대의 주도권을 잡을 수 없다. 그럴 필요도 없고 그러기에는 AI 군비 경쟁에서 상위에 있다고 말하기도 어렵다. 현장의 경험을 수집하고, 이를 말로 표현하고, 규칙으로 정리하고, 알고리즘으로 구조화해야 한다. 그렇게 되면 우리는 단순히 데이터를 소비하는 나라가 아니라, '사고의 구조'를 수출하는 나라가 될 수 있다. 판단 기준과 해석 프레임을 설계하고, 그것을 AI에 내재화시켜 새로운 지식 기반 플랫폼을 만들어내는 나라. 그것이 진정한 지식 강국의 모습이다.

정보는 누구나 만들 수 있지만, 논리는 아무나 만들 수 없다.

한국은 이제 그 '아무나 만들 수 없는 논리'를 만들어야 할 때다.

그것이 이 나라가 다시 한 번 세계를 추월할 수 있는 유일한 길이다.

뉴로심볼릭적 사고 전환으로 정보, 경험, 논리 지식을 한 데에 묶어야 한다.

경험지식 활용을 위한 유추

정보지식이 어떻게 논리지식이 되는지를 살펴봤다. 여기에 경험지식이 어떻게 논리지식이 되는지까지 논의해야 1부에서 줄곧 논의한 '단순화-심층화'의 지식 혁신 루프를 더욱 공고히 할 수 있을 것이다. 다음의 상황을 떠올려 보자. 당신이 어떤 문제에 봉착했다. 그런데 그 문제를 과학적으로 풀 수 있을 만큼의 정보지식이 존재하지는 않는다. 다만 그와 유사한 문제해결 경험은 가지고 있다. 이때 우리들은 과거와 지금의 유사성을 계속 떠올린다. 그 상황의 맥락, 조건, 사람의 감정, 시간의 압박, 그리고 결과까지 모두 고려해 유사한 문제 해결 전략을 꺼내 쓴다. 이런 방식의 사고가 바로 사례기반추론, 즉 CBR~Case-~

Based Reasoning이다. 이 새로운 추론법은 기존의 추론 방식에서 유추와 매우 유사하며, 경험지식을 표준화하는 매우 중요한 방법론이 된다. 판사들이 기존의 판례를 참조해서 판결을 내리는 것이 전형적인 경우다.

CBR은 데이터를 통계적으로 분석하는 것이 아니라, '경험'을 검색한다. 문제를 해결했던 과거의 구체적인 사례들을 데이터베이스처럼 쌓아두고, 새로운 문제가 주어졌을 때 그와 가장 유사한 사례를 꺼내 사용한다. 중요한 것은 여기서 끝나지 않는다. 단순히 복사해 붙이는 것이 아니라, 새로운 문제의 맥락에 맞춰 그 해결책을 적절히 수정adapt하고, 그 결과까지 다시 새로운 사례로 갱신refresh한다. 경험을 단순히 저장하는 수준에서 벗어나 문제 해결을 통해 살아 있는 지식으로 순환시키는 시스템이다. 한 번의 유추로 끝나지 않고 구조적이고 체계적인 유추로 경험지식을 암묵적인 형태에서 명시적인 지식으로 끌어내게 되며, 이때 역시 인공지능의 연산 능력이 큰 역할을 하게 된다.

이를테면, 이런 장면을 떠올릴 수 있다. 대형 병원 응급실에서 중환자가 실려왔다. 증상은 복합적이고, 데이터는 아직 불완전하다. 하지만 담당 응급의학 전문의는 환자의 혈압, 호흡, 약간의 의식 흐림만 보고도 "이건 지난 봄에 있던 약물 과민성 쇼크와 비슷한 케이스다"라고 판단한다. 그때의 대응법을 떠올리고, 현재 상황에 맞춰 조금 수정해 빠르게 처치한다. 데이터는 나중에 따라오지만, 판단은 경험이 만든 사례에서 나왔다. 이 순간, 그는 CBR을 사용하고 있다고 볼 수 있다.

비즈니스에서도 마찬가지다. 한 기업의 CS팀은 이례적으로 까다로운 고객 클레임에 직면한다. 전례 없는 말투와 요구사항에 처음엔 당황하지만 담당자는 과거 유사한 불만을 제기했던 고객 사례들을 떠올린다. 비슷한 어조, 유사한 구매 경로, 그리고 그때 효과가 좋았던 대응 전략까지 하나하나 되짚으며 최적의 대응을 설계한다. 이 역시 하나의 CBR이다. 경험은 단지 기억이 아니라 문제를 푸는 실전형 지식이 된다.

CBR이 갖는 가장 큰 강점은 불완전하거나 전혀 구조화되지 않은 상황에서도 작동한다는 점이다. 데이터가 부족하거나 규칙이 정해지지 않은 문제일수록 CBR은 빛을 발한다. 왜냐하면 CBR은 정형화된 지식이 아니라 맥락을 가진 사례 전체를 기억하고 사용하기 때문이다.

여기서 확장된 질문이 하나 생긴다. 이런 경험지식을 계속 쌓아두면 어떻게 될까? 더 많은 사례가 모이면 그 안에서 공통적인 구조와 판단 조건, 핵심 변수들이 보이기 시작한다. 그리고 그 순간, 경험은 단지 사례에서 멈추지 않고 일반화된 규칙, 즉 논리지식으로 바뀐다. 예를 들어보자. 제조 공정에서 품질 문제 해결을 위해 수많은 사례가 축적됐다고 하자. 초기에는 "온도가 180도였고, 재료가 A였을 때 불량이 났다"는 식의 개별 사례에 불과했지만, 수십 건의 사례를 분석하다 보면 "온도가 180도를 넘고, 습도가 60% 이상이면 특정 재료의 점착력이 불안정해진다"는 일반화된 규칙이 도출된다. 이제 이건 '경험'이 아니라 '논리'다. 조건과 결과가 연결된 구조화된 지식, 곧 의사결정의 근거가 될 수 있는 전제가 되는 것이다. 물론 경험지식을 이런 식으로 활용하는 것은 높은 수준의 경험자들에만 국한되어야 한다.

바로 이 지점에서 경험지식의 논리지식화 채널이 된다. 과거 사례들을 하나의 맥락 있는 단위로 저장하고, 이를 반복적으로 분석하고 적용하면서 그 안에 숨어 있는 공통 구조를 추출할 수 있어야 한다. 여기서 기호화가 가능해진다.

"온도 〉180 → 불량 가능성↑"

"불만유형 = 환불요구 + 반복클레임 → 감정케어 우선 대응 필요"

구체적인 판단 조건과 결정 논리를 기호로 표현하는 구조로 바꾸는 것이다. 대부분의 사람들이 '지식을 기호화한다'고 하면, 수치화 된 데이터나 정형화된 문서 정보를 먼저 떠올린다. 하지만 그보다 훨씬 더 중요한 자원은 바로 경험지식을 기호화 하는 것이다. 정보지식은 이미 정형화되어 있기에 기호화가 비교적 쉽다. 반면 경험지식은 훨씬 더 인간적이고, 맥락적이며, 유동적인 성격을 띠기 때문에 그 구조를 잡아내는 데는 시간이 걸리지만, 일단 논리지식으로 승화되었을 때 그 깊이와 응용력은 비교할 수 없이 크다.

이것이 바로 오늘날 뉴로심볼릭 AI 접근이 중요한 이유다. 단순히 데이터를 분석하고 패턴을 찾아내는 뉴럴 네트워크 방식은 경험의 구조를 모른다. '이유 없이 맞춘다'는 것이 딥러닝의 특징이라면, 뉴로심볼릭 방식은 왜 그렇게 판단했는지 설명할 수 있다. 그 설명이 가능하려면, 경험에서 출발해 구조를 추출하고, 그것을 기호화 하여 심볼 시스템에 전달해야 한다. CBR은 이 흐름을 설계할 수 있는 아주 훌륭한

다리 역할을 한다.

이럴 때 AI를 적극 활용할 수 있다. AI는 단순히 과거 사례를 저장하거나 호출하는 수준을 넘어서 다음과 같은 역할을 수행할 수 있다.

첫째, AI는 유사도 계산을 자동화하고 정밀화 할 수 있다. 과거에는 사람이 사례 간의 유사성을 감각적으로 판단했다. 그러나 AI는 벡터 기반의 임베딩 기술을 활용해 각 사례의 다차원적 특성을 수치화하고, 새로운 문제와의 거리를 계산하여 가장 유사한 사례를 빠르게 찾아낼 수 있다. 자연어로 기술된 비정형 사례조차 AI는 문맥 임베딩을 통해 의미적으로 비교할 수 있다. 예컨대 고객 클레임 사례가 "배송 지연"이라고만 되어 있어도, 과거의 "배송 일정 혼선으로 인한 불만" 사례와 유사하다고 판단할 수 있다.

둘째, AI는 사례를 재적용할 때, 단순히 복사하는 것이 아니라 상황 맥락에 맞춰 '적응adaptation'하는 역할을 수행할 수 있다. 과거에는 특정 고객 유형에게 10% 할인 보상이 효과적이었다면, AI는 현재 고객의 구매력이나 충성도 정보를 반영해 '15% 할인 + 개인화 쿠폰'이 더 적합하다고 제안할 수 있다. 이는 사례의 고정된 틀을 반복하는 것이 아니라, 그 안의 구조를 이해하고 현재 맥락에 유연하게 조정하는 지능적 전환이다.

셋째, AI는 사례들 간의 구조적 유사성을 찾아내고 그 안에서 공통 패턴을 추출해내는 데 매우 적합하다. 수천 건의 유사한 품질 이슈 사례가 있다면, AI는 그것들을 클러스터링하여 주요 원인별로 분류할 수 있고 그 안에서 반복적으로 나타나는 해결 전략을 요약할 수 있다.

이 단계는 단순한 사례 검색을 넘어서 사례의 일반화와 구조화, 즉 논리지식화를 위한 작업이 된다. CBR 시스템을 '사례 검색기'가 아니라 경험 추론 엔진으로 바꾸는 것이다. 단지 예전 일을 반복하는 시스템이 아니라, 과거의 경험에서 전략과 규칙을 뽑아내는 지식 생성 시스템이 되는 것이다. 즉, 경험을 기억하는 방식이면서 동시에 논리로 가는 입구가 되는 것이다. 경험을 어떻게 구조화하느냐에 따라, 기업의 전략, AI 시스템의 투명성, 조직의 판단력이 달라진다. 정보가 지식이 되는 것이 아니라, 경험이 구조화될 때 비로소 진짜 지식이 된다. CBR은 단지 기술이 아니라, 경험지식이 논리적 지식으로 성숙해가는 하나의 경로이며, 이 경로를 적극적으로 설계하는 것이 바로 뉴로심볼릭적 지능 시대의 진입 조건이다. 경험을 기억하는 시스템을 갖춘 조직만이, 그 경험을 지혜로 바꿀 수 있다. 그리고 지혜는 언제나 논리 위에 세워진다.

새로운 혁신 지식 자산,
전문가 대화 데이터

앞으로 기업이 진정으로 확보해야 할 자산은 무엇일까? 그것은 더 이상 기술도, 시장 점유율도 아니다. 사람들이 일상적으로 나누는 말들, 특히 전문가들 사이에서 오가는 문제 해결 대화 그리고 전문가와 인공지능이 함께 내리는 판단의 흔적 이야말로 미래의 조직이 보유하게 될 가장 가치 있는 지식 자산이다. 과장처럼 들릴 수도 있다. 하지만 곰곰이 생각해보면 실무에서 가장 결정적인 지식은 회의실에서 단 한 사람이 던진 한 마디였고, 조직이 위기를 넘긴 순간은 누군가의 직관이 과거 사례를 꺼내 온 덕분이었다. 이런 '말'과 '판단'이 조직 차원에서 구조화되어 남아 있다면, 그것은 더 이상 사라지는 암묵지가 아니라 축적되는 전략 자산이 된다.

그렇다면 기업은 이러한 CBR 체계를 만들기 위해 무엇을 준비해야 할까? 핵심은 단 하나다. 숫자, 차트와 같은 정보지식에 너무 의존하지 말고, 현장의 대화 데이터를 구조화하는 것이다. 예전에는 상상도 못했던 일들이지만 생성형 AI가 인간의 대화를 표준화해주는 혁신적인 통로를 열어주어 가능해진 미답의 영역이다. 생성형 AI는 이미지 생성기나 잡담용 솔루션이 아니다. 대화에 녹아든 암묵지를 형식지로 만들어주는 마법의 통로다. 미래 지식근로자가 일하는 방식을 우리는 제로UI Zero-UI라는 말로 압축할 수 있다. 이는 지식근로자가 거의 말과 글로 인공지능과 교감하면서 대부분의 일을 처리한다는 것이다. 아이언맨의 토니 스타크가 자신의 인공지능 비서 자비스와 일하는 모습을 떠올려 보자. 이 장면에서 스타크는 어떤 버튼을 누르거나 화면을 이동하거나 로그인 하지 않는다. 그냥 대화한다. 어떤 일을 하기 위해 필요한 일체의 유저인터페이스UI가 사라지고 대화 데이터만 남는다. 생생한 결정의 흔적이 소실 없이 남는 것이다.

이를 미래 조직이 차근차근 준비하기 위해서는 어떻게 조직 내 암묵지식을 대화 데이터로 만들까를 고려해야 하며 대략 다음과 같은 5단계 노력이 요구된다.

1. 전문가 간 대화, AI와의 협업 로그를 실시간으로 수집하고 저장하는 시스템을 마련해야 한다. 단순 채팅 기록이 아니라, 문제의 정의와 판단이 담긴 실질적 의사결정 흐름을 대화 데이터로 남겨야 한다.

2. 수집된 대화와 업무 흐름을 '문제 – 조건 – 해결 – 결과'라는 사례 단위로 재구성할 수 있어야 한다. 이 과정을 통해 단순한 비정형 텍스트가 CBR 사례 유닛으로 바뀐다.

3. 실제 문제 해결 경험을 복기하고 정리하는 '사례 회의Case Review'를 조직 내 문화로 제도화해야 한다. 이는 경험을 말로 정리하고 공유하는 과정으로 암묵지를 형식지로 바꾸는 가장 강력한 훈련 장치다. 번거로워 보이지만, 언제 쓸지도 모르는 정보지식 생성을 위해 수십 수백억짜리 스마트 팩토리 프로젝트를 하는 것에 비하면 훨씬 효율적이다.

4. 지식 포털은 이제 문서 기반이 아니라 사례 검색 기반으로 바뀌어야 한다. 사용자는 문제를 키워드로 입력하고, 유사한 과거 사례를 시스템이 추천하는 구조가 되어야 한다.

5. AI와 전문가가 공동 판단한 로그를 적극적으로 기록하고 관리해야 한다. AI의 제안을 사람이 평가하거나 수정한 과정 자체가 고품질의 사례가 되며, 이는 다음 세대 AI의 판단 기준이 된다. 통계학 중심의 데이터 과학자뿐만 아니라, 지식 관리 전문가를 고용해야 할 때다. 지금은 자연어 분석가와 문헌정보학자가 제일 가깝다.

경험을 기억하는 조직이 진짜 사고하는 조직이다. 정보는 데이터로부터 쉽게 얻을 수 있다. 그러나 경험은 그렇지 않다. 경험은 일어나는 즉시 사라진다. 문제는 해결되겠지만, 해결 방식은 대부분 기억되지 않는다. 그래서 대부분의 조직은 한 번 해결했던 문제를 다시 푼다.

경험은 있지만 지식화 되지 않았기 때문이다.

CBR은 바로 그 반복을 끊는 방식이다. 사람이 문제를 어떻게 이해했고, 왜 그 해결책을 택했으며, 그것이 어떤 결과를 낳았는지를 기억하는 방식, 그리고 그것을 다음 문제에서 다시 쓸 수 있게 만드는 구조. CBR은 단지 기술이 아니라 경험을 기억하는 사고의 설계 방식이다. 정보지식은 기호화 하기 쉽지만 내용이 얕다. 경험지식은 기호화가 어렵지만 의사결정의 진짜 본질을 품고 있다. 그렇기에 경험을 논리로 바꾸는 이 경로는 지금부터의 조직이 갖추어야 할 가장 중요한 AI 전환의 내적 기반이다. 뉴로심볼릭 AI는 이러한 논리적 구조를 받아들이고 판단의 전제로 삼을 수 있다. 문제를 예측하는 것이 아니라 문제를 이해하고 설계하는 AI, 바로 그것이 우리가 가야 할 다음 지능의 방향이다. CBR은 그 첫걸음이다. 그리고 지식이 살아 움직이는 조직으로 가는 유력한 접근법이다.

임원이 가진 '경험지식' 의 힘

인공지능이 현재 리더들의 고급 의사결정 기능을 대체할 수 있을까? 쉽지 않을 것이다. 그 이유는 다음과 같다.

　인공지능은 상식이 없기 때문에 연역추론을 하지 못한다. 인간은 연역, 귀납, 유추, 가추 등으로 골고루 결정하지만, 인공지능은 전형적인 귀납추론 기계이다. 임원의 경험은 인공지능 입장에서는 매우 중요한 연역추론의 원천이다.

　게다가 좋은 의견을 가진 것과 실제 조직을 움직이는 것은 다르다. 즉, 어떤 일을 잘해야 한다는 정치적 부담감이 있어야 일이 잘되고 조직이 움직이기 시작하는데 그런 부담감은 인공지능에게는 없는 개넘이다. 임원은 성과를 책임지는 사람이다.

인간은 의사결정을 힘들어하기도 하지만, 결정이란 행위를 통해 자아를 실현하기도 한다. 그래서 인공지능에게 완전히 결정권을 넘겨주려 하지 않을 가능성이 높다. 임원은 좋은 의사결정을 통해 자신의 존재감을 드러낸다.

마지막으로 인간은 무시못할 경험지를 가지고 있다. 경험지는 명시적인 데이터의 방향을 결정하고 행간을 채우는 실질적인 기능을 한다. 노하우 같은 것 말이다. 인공지능은 이런 경험지를 학습한 적이 없다. 소위 빅데이터라고 불리며 인공지능 학습의 대부분을 차지하는 명시적으로 드러난 지식은 인간의 3대지식(형식, 경험, 정보 지식) 중 하나에 불과하다. 임원이 가장 많은 경험을 가지고 있다.

일반적으로 기업이 AI를 도입할 때 보면, 대부분 정보 지식을 중심으로 접근한다. 문서화된 보고서, ERP 데이터, 정형 데이터로 학습시키고, 그 결과를 기대한다. 그러나 이 방식만으로는 현장의 맥락과 함의를 해석하는 능력, 마지막 10%의 판단력을 가질 수 없다. 조직이 AI를 통해 실질적인 경쟁력을 확보하려면 단순한 데이터 처리 시스템을 넘어, 형식 지식 – 정보 지식 – 경험 지식의 균형 있는 디지털화가 필요하다. 특히, 은퇴를 앞둔 숙련자들의 경험지를 체계적으로 추출하고 정제하여 AI가 참조할 수 있는 지식 체계로 전환하는 작업이 시급하다. 그런데 그런 경험지의 최고 정점에 있는 이가 누구인가? 딱 지금의 리더급 세대들이다.

간단한 사례를 통해 더 깊게 알아보자.

고급 직무자의 경험지를 인공지능이 학습할 수 있도록 구현한 다양한 사례들은, 조직 내 경험 기반 지식의 디지털 전환 가능성을 현실적으로 보여준다. 특히 직관, 맥락 판단, 축적된 숙련도처럼 문서로 남기기 어려운 정보들을 AI가 이해하고 흡수하게 만드는 일은, 기술적 접근만이 아니라 사람 중심의 설계와 협업 구조가 필수적인 과제다.

그 대표적 국내 사례가 SK C&C(현 SK AX)의 'AI 명장' 프로젝트다. 이 프로젝트는 생산 현장의 고급 기술자들이 수십 년간 몸으로 익힌 설비 이상 감지나 품질 판별 같은 감각적 판단을 AI가 학습하도록 하는 시도였다. SK는 공정 내 다양한 IoT 센서를 통해 실시간 데이터를 수집하고, 이를 머신러닝 모델에 학습시켰다. 동시에 고급 직무자의 판단 기준과 의사결정 요인을 인터뷰와 설문을 통해 추출하여, 이를 규칙 기반 혹은 보정 인자 형태로 AI에 주입했다. 이렇게 구축된 시스템은 시간이 지날수록 스스로 예측 정확도를 높여가며 숙련자의 '감각'을 일부 재현하는 구조로 진화했다.

이와 유사하게, 한 글로벌 엔지니어링 제조 기업은 대규모 구조조정을 앞두고 핵심 기술자 130명의 지식과 직관을 체계적으로 수집해 AI가 학습하도록 만들었다. 이 기업은 슈가워크Sugarwork라는 플랫폼을 도입해 고급 엔지니어들에게 표준 템플릿을 제공하고, 프로젝트 실패, 해결 경험을 중심으로 스토리 기반 인터뷰를 유도했다. 이렇게 수집된 데이터는 대규모 언어모델LLM, Large Language Model 기반의 자연어 처리NLP, Natural Language Processing 기술로 분석되었고, 중복되는 내용은 통합하고 핵심 문맥은 요약해 AI 지식베이스로 전환되었다. 단 4주 만에 표준 운영절차SOP, Standard Operating Procedure가 정리되었고, 신입 인력의 온보딩(실무가 가능할 정도로 배우는) 기간이 평균 70% 단축되었으며, 과거에는 컨설턴트 투입에 3개월 이상 걸렸을 작업을 단기간에 자동화하는 성과를 냈다.

의료기기 제조 분야에서도 비슷한 방식의 프로젝트가 진행됐다. 해당 기업은 정년퇴직을 앞둔 고숙련 기술자들의 '디지털 분신'을 남기기 위해, 인터뷰와 생성형 AI를 결합한 지식 추출 프로젝트를 운영했다. 1:1 인터뷰를 통해 도출된 생생한 사례와 조언을 GPT 기반의 생성형 AI가 분석하고 요약하는 방식이었다. 예를 들어 "겨울철 자주 발생하던 X결함"이라는 언급은 계절 변화와 공정 리스크 간 연관성을 추론한 일반화된 지식으로 재구성되었으며, 이렇게 정제된 정보는 자연어 질의응답이 가능한 내부 챗봇에 탑재되었다. 이를 통해 신입 관리자도 "A장비의 경고등이 켜졌을 때 고급 기술자가 어떻게 대처했는가"를 즉각 참고할 수 있게 되었으며, 공정 안정성과 대응 속도 모두 향상되었다.

마지막으로, 에너지 분야에서는 쉘Shell의 시추 AI 시스템이 대표적이다. 쉘은 석유 시추 현장에서 고급 감독관의 직관적 판단을 강화학습RL, Reinforcement Learning 기반의 AI가 학습할 수 있도록 했다. 수백만 시간 분량의 시추 로그 데이터와 지질 데이터를 통해 AI는 굴착 압력, 속도, 각도 같은 제어 변수를 조절하면서 시행착오를 반복했고, 시뮬레이션 환경에서 비용 대비 효율이 최적화되는 전략을 스스로 터득했다. 인간 전문가들은 워크숍을 통해 판단 기준과 설계 기준을 제공했고, 이 데이터는 보상 함수 설계에 반영되었다. 결과적으로 AI는 시추 장비의 비정상 가동을 줄이고 예상치 못한 다운타임을 70% 이상 감소시켰으며, 자원 채취 효율은 눈에 띄게 높아졌다. 이처럼 숙련자의 경험지를 데이터화하고 행동 전략으로 체화한 사례는 에너지 업계 AI 도입의 대표 모델로 자리 잡았다.

이러한 사례들은 공통적으로, 임원 같은 고급 직무자의 경험을 구조화된 데이터로 전환하고 이를 AI가 맥락적으로 학습하도록 설계하는 데 성공했다. 그리고 무엇보다 중요한 점은, 대부분의 프로젝트가 'AI 단독'이 아니라 사람과 AI가 상호작용하는 구조, 즉 휴먼 인 더 루프Human-in-the-Loop 방식으로 구성되었다는 점이다. AI가 인간을 대체하는 것이 아니라, 고급 판단을 보조하고 축적시키는 파트너로 작동하도록 만든 것이다. 이제 조직의 미래 경쟁력은 AI를 잘 다루는 능력뿐만 아니라, AI가 인간을 잘 '이해할 수 있도록 훈련시키는 능력'에서도 결정될 것이다.

'리더의 통찰력'이 더해질 때, AI는 힘이 생긴다

이러한 방식으로 경험지를 형식화하고 정보지와 결합하면, AI는 단순히 '많이 본 것'을 재현하는 수준을 넘어, 인간이 해온 미묘한 판단과 직감을 일정 부분 구현하게 된다. 경험지는 방향을 결정하고, 정보지는 데이터를 공급한다. 그리고 형식지는 그 둘 사이를 연결하는 명확한 다리가 되어준다. 이 삼자 통합이 이뤄질 때 비로소 조직의 AI 시스템은 진정한 지능화 단계로 나아갈 수 있다.

투자의 귀재 워런 버핏은 투자 담당자의 기침 소리까지 고려해서 최종 투자 결정을 내린다고 한다. 투자를 오래 하다 보면 시장 변동성과 투자 담당자의 바이오 리듬이 동기화 되는 지경까지 이를 수 있기 때문이다. 꼭 이렇게 거창하진 않더라도, 대한민국에는 그간 고도성장기에 갖게 된 무수한 고급 직무지식이 있고, 이것이 실질적으로 현장에서 중요한 문제해결 자원이 된다는 것은 누구도 부정 못할 것이다. 다만 이것을 어떻게 AI에게 훈련시킬지 모호했을 뿐이다. 왜냐하면 경험지는 비非정형데이터가 아니라, 무(無)정형 데이터이기 때문이다.

조직의 리더라면 AI자체를 이해하기 보다는 그 한계를 이해하고, 자신이 그 한계를 메우는 주체가 될 수 있다는 사실을 발견하는 게 중요하다. 달리 표현하면 이런 경험지의 형식지화가 인공지능의 입장에서는 연역추론을 하는 발판이 되는 셈이다. 뉴로심볼릭 neuro-symbolic 이란 기술관점이 필요하다는 다른 방식의 설명이라 하겠다. 앞서 말한데로 '인공지능은 귀납추론을 하는 기계'라는 점을 상기할 때, 뉴로심볼릭 접근은 추론의 온전성을 완성하게 된다는 의미가 되기도 한다. 리더의 형식화된 경험지가 인간지능을, 빅데이터 기반 학습 결과가 인공지능을 담당해 황금 균형을 이루게 되기 때문이다. 앞으로 끝없이 펼쳐질 인공지능 혁신의 역사에서 꽤나 중요한 작업이 될 수도 있다. 지금 현재의 고도성장기를 경험한 임원과 고급 엔지니어 세대들이 5년여 안에 은퇴를 앞두고 있다는 점을 감안하면, 서둘지 않을 이유가 없다.

뉴로심볼릭 사고, 인간지능과 인공지능의 황금균형

자, 긴 여행을 정리해 보자. 왜 데이터 중심으로만 인공지능을 이해하면 손해인지 어느정도 공감이 되었기 바란다. 인공지능의 등장은 기술적 진보의 정점으로 자주 묘사되지만, 실상 그것은 우리가 오랫동안 간과해왔던 더 깊은 질문을 다시 꺼내오게 만드는 계기이자 전환점이다. 사람들은 인공지능을 알고리즘의 진보, 연산력의 증강, 혹은 데이터 처리의 혁명으로 이해하려 하지만, 진짜 변화는 기계가 얼마나 잘 계산하는지가 아니라, 우리가 무엇을 '지식'이라 부르고, 무엇을 '지능'이라 인식해왔는지를 근본적으로 되돌아보게 되었다는 데 있다. 인공지능은 단순히 문제를 빠르게 푸는 도구가 아니라, 문제를 어떻게 정의하고, 어떤 방식으로 풀 것인지에 대한 사고의 틀 자체를 다시 묻는 존재다. 그렇기 때문에 이 변화는 공학적 혁명이 아니라, 명백히 지식의 혁명이라 말해야 한다.

이제 우리는 지식과 지능을 더 정교하게 나눠 생각할 필요가 있다. 지식은 결코 단일하지 않다. 우리가 현실을 경험하고 거기서 의미를 얻어내는 과정을 하나의 차원으로 환원시킬 수는 없다. 지식은 경험의 층위에서 시작되며, 반복된 경험이 정보로 정제되고, 정보들 사이의 인과와 원리를 발견하고 구조화하는 과정을 통해 논리지식으로 발전한다. 경험지식은 감각과 직관, 맥락적 판단의 영역에 가깝고, 정보지식은 패턴과 수치, 정량화된 요약물로 존재하며, 논리지식은 판단과 해석의 기준이 되는 전제와 규칙, 개념의 층위에 해당한다. 이 각각의 지식은 서로 다른 사고 구조를 갖고 있으며, 모두가 함께 존재해야만 어떤 문제든 제대로 이해하고 해결할 수 있다.

지능 또한 하나의 기능이 아니다. 지능은 지식을 활용하는 능력이며, 그것은 추론의 방식으로 드러난다. 연역은 이미 정해진 전제를 바탕으로 결론을 끌어내는 방식이고, 귀납은 개별 사실로부터 일반화를 도출하는 방식이며, 가추는 관찰된 결과로부터 가장 가능성 높은 원인을 추정하는 방식, 유추는 한 맥락에서의 구조를 다른 상황에 적용하는 창조적 전이의 방식이다. 우리는 일상 속에서도 이 네 가지 추론을 끊임없이 조합하며 사고하고 판단하며 문제를 해결한다. 따라서 지식의 유형과 지능의 방식, 즉 '내용'과 '형식'을 나누어 생각하지 않고서는 인간의 사고 구조를 충분히 이해할 수 없으며, 그것을 대체하거나 보완하겠다는 인공지능을 설계하는 일도 공허해질 수밖에 없다. 인공지능에게 의사결정권을 통째로 넘기거나, 인공지능의 전혀 다른 형태의 지식과 추론 방법을 제시하지 않는다면 결국 인간을 얼마나 닮았는가 가 인공지능 전략의 중요한 축이 될 수밖에 없다.

인간지능과 인공지능의 협업을 가능하게 하려면 이 전체 구조, 지식의 다층성과 지능의 다중적 추론 방식을 큰 판으로 보아야 한다. 단지 AI가 인간을 대체할지 말지를 논하는 좁고 소모적인 담론이 아니라, 사람과 기계가 서로 어떤 지식 구조와 어떤 사고 과정을 담당할 것인가에 대한 설계의 차원에서 논의되어야 한다. 그래야 인간의 고유성과 기계의 특이성을 동시에 살릴 수 있으며, 결국 협업의 균형이란 말이 허상이 되지 않는다.

지식에는 단순화와 심층화가 동시에 필요하다. 어떤 지식은 반복과 예측을 가능하게 만들기 위해 구조를 단순화시켜야 하고, 어떤 지식은 문제의 본질을 더 깊이 이해하기 위해 구조를 정교하게 다듬고 해석해야 한다. 단순화된 지식은 자동화의 대상이 되며, 심층화된 지식은 인간의 판단이 개입해야 하는 영역이다. 이 둘을 적절히 분배하고 운영하는 시스템이야말로 우리가 말하는 인공지능 기반의 조직, 또는 사회의 진정한 모습이다.

바로 그 지점에서 뉴로심볼릭이라는 개념이 핵심적으로 등장한다. 이것은 단순히 하나의 기술적 프레임워크가 아니라, 우리가 오래 전부터 인간의 사고 속에서 동시에 다뤄왔던 두 가지 지식의 결합 방식을 말한다. 감각과 패턴에 기반한 직관적 이해와 규칙과 전제에 기반한 논리적 사고를 기술이 따라잡은 첫 번째 구조적 시도이다. 뉴로심볼릭이라는 이름은 기술적인 용어로 들리지만 그것이 가리키는 본질은 오히려 지식을 다루는 인간 고유의 방식에 가깝다. 우리는 늘 경험과 정보, 논리를 동시에 직조하며 생각했고, 연역과 귀납, 가추와 유추를 혼합하며 문제를 풀었다. 기술이 이 구조를 비로소 일부 따라잡기 시작했을 뿐이다.

그러므로 인공지능 전략은 데이터나 플랫폼, 연산 속도를 중심으로 설계할 것이 아니라, 그 조직이 다루고자 하는 문제의 성격에 따라 어떤 지식을 주로 활용하고, 어떤 추론 방식을 필요로 하며, 인간과 기계가 어디에서 서로 협력하고 어디서 분리되어야 하는지를 중심으로 설계되어야 한다. 그래야 기술이 현실과 맞닿을 수 있고, 자동화가 단순화를 넘어 실제로 통제 가능한 구조가 된다.

'인간과 기계의 균형'이란 공존의 미화가 아니라 기능의 분할과 상호 존중을 전제로 한 체계의 설계다. 인간은 여전히 질문을 정의하고 전제를 구성하고 기준을 설정하는 일을 담당해야 한다. 기계는 그 기준에 따라 실행하고 반복하고 최적화하는 작업을 맡아야 한다. 인간의 사고 구조를 제대로 이해하지 않고 기계에게 전부를 위임하는 것은 게으름이고, 기계의 연산 구조를 이해하지 못한 채 그것을 거부하는 것은 무지다. 균형은 그 사이에서 감정이 아니라 구조로 만들어야 하는 것이다.

우리는 지금, 지식을 다시 생각해야 한다.

기술의 문제가 아니라, 사고의 문제로.
속도의 문제가 아니라, 구조의 문제로.
대체의 문제가 아니라, 협업의 문제로.

이 책은 바로 그 지점을 정리하기 위해 쓰였다. 우리는 오래전부터 지식을 다루는 존재였고, 이제는 그것을 외부화 하려는 기술적 문턱에 서 있다. 기계는 더 똑똑해지고 있지만 인간은 더 통찰력 있어야 한다. 기술은 우리를 넘어설 수 있지만 구조는 여전히 우리의 손에 달려 있다. 결국 우리가 얼마나 잘 생각할 수 있는가에 따라 기계가 얼마나 잘 작동할 수 있는지도 결정될 것이다. 지금이 그 질문을 던질 마지막 기회인지도 모른다. 생각은 여전히 인간의 몫이다.

딥스킬의 소크라테스 프로젝트

이 책을 통해 뉴로심볼릭 AI의 개념과 원리를 깊이 있게 이해한 독자라면 실제 비즈니스 환경에서 뉴로심볼릭 기법이 어떻게 활용될 수 있는지 궁금할 것이다. 저자들이 함께 하고 있는 '딥스킬'에서는 바로 이러한 철학과 기술을 현실 세계의 전략적 의사결정 지원 시스템으로 구현한 '소크라테스 프로젝트'를 진행하고 있다.

이 프로젝트는 뉴로심볼릭 기법을 통해 인간의 사고 과정을 모방하면서도, 인간의 논증적 사고를 넘어서는 정밀한 의사결정 지원 시스템을 목표로 한다. 이를 위해 프로젝트는 크게 두 가지 기술적 축으로 이루어진다. 하나는 인간 사고의 논리 구조를 인공지능적으로 구현하는 심볼릭 접근이며, 또 하나는 복잡하고 방대한 대화 및 보조 데이터를 빠르게 분석하고 패턴을 인지하는 뉴럴 접근이다.

특히 이 프로젝트가 주목하는 기술이 바로 논증이다. 이 기술Argumentation Technology은 복잡한 논리적 문제를 명확한 논증 구조로 분해하여, 각 주장이 얼마나 타당하고 견고한지 실시간으로 평가하는 기술이다. 이런 구현이 가능하기 위해서는 기업 의사결정 전문가, 논증 AI전문가, 데이터 과학자 그리고 인공지능 전문가 간의 융합적인 협업이 필수다. 이런 융합 프로젝트는 미래 많은 회사에서도 일반적인 형태가 될 것이다. 뉴로심볼릭의 특성상 논리를 담당하는 현업 담당자와 학습을 담당하는 인공지능 기술 전문가의 협업이 기본이기 때문이다.

예를 들어, 어느 기업의 대표이사가 중요한 인수합병M&A을 고민하는 상황을 상상해보자. 대표이사가 고민을 털어놓는 즉시 소크라테스가 회사의 내외부 데이터를 실시간으로 종합하여 과거 유사한 사례, 현재 시장 상황, 미래의 전망 데이터를 모두 연계한다. 그리고 이 데이터를 기반으로 대표이사가 하는 모든 발언의 논리적 일관성과 논증적 타당성을 실시간으로 평가하며, 가장 합리적이고 오류가 없는 의사결정을 내릴 수 있도록 대화를 이끌어준다. 대표이사의 가장 신뢰할 수 있는 띵킹 파트너thinking partner가 되어주는 셈이다. 명실상부하게 모든 지식유형(경험/논리/정보지식)을 모든 추론(연역/귀납/유추/가추) 지능으로 구현하는 것이다. 참고로 이 책에 기술된 주장 및 논리는 대부분 딥스킬 팀의 경험적 확신을 기반으로 하고 있다.

3부

뉴로심볼릭 AI를 구성하는 핵심 기술과 원리 탐구

1부와 2부가 뉴로심볼릭 AI의 기초 담론과 의사결정 AI 관점의 적용 방안에 대해 다루었다면, 이제 3부에서는 뉴로심볼릭 AI를 실현하는 핵심적인 기술과 원리를 깊이 있게 다뤄볼 예정이다. 뉴로AI와 심볼릭AI, 두 기술을 융합하여 인공지능이 논리적 추론과 학습 능력을 모두 갖출 수 있게 만드는 뉴로심볼릭 AI의 핵심적 방법론과 실제 적용 사례를 통해 그 가능성과 한계를 명확히 알아보도록 하자. 인공지능의 과거와 현재를 넘어 앞으로의 발전 방향과 가능성을 구체적으로 예측하고, 다가올 미래를 준비할 수 있었으면 하는 바람이다. 우선 1부 내용에서 잠깐 언급되었던 인공지능의 역사를 다시 보려고 한다. 초기 인공지능 연구를 주도했던 심볼릭 AI가 어떻게 한계를 맞았고, 이어 등장한 뉴럴 네트워크 혁명이 어떻게 데이터 중심의 새로운 시대를 열었는지 더 자세히 알아보자.

_우지환

심볼릭 AI의 흥망성쇠

인공지능 연구는 인간의 사고 과정을 모방하려는 시도로 1950년대부터 시작되었으며, 초기 연구자들은 인간이 보유한 지식을 명확한 심볼과 규칙 체계로 표현하여 기계가 논리적 추론을 수행할 수 있도록 설계했다. 이 시기 전문가 시스템은 특정 도메인의 문제를 해결하기 위해 도입되었고, 의학, 법률, 금융 등 다양한 분야에서 활용되며 인공지능의 가능성을 입증하는 역할을 했다. 당시 사용된 LISP, Prolog 등의 프로그래밍 언어는 복잡한 논리 구조와 규칙을 구현하는 데 큰 기여를 했으며, 이러한 방식은 인공지능 연구의 초석을 마련하는 중요한 계기가 되었다.

초기의 심볼릭 AI는 명확한 규칙에 의해 문제를 해결하는 점에서 강점을 보였으나, 현실 세계의 방대하고 복잡한 지식을 모두 명시적으로 규정하는 데 한계가 있었다. 인간이 경험과 직관을 통해 암묵적으로 처리하는 불확실한 정보와 예외적인 상황은 정형화된 규칙만으로는 적절히 대응하기 어려웠다. 문제 상황이 단순하거나 구조화되어 있을 때는 효과적이었으나, 실제 환경에서 발생하는 다차원적 변수와 모호성을 모두 포괄하는 데는 한계가 드러났다. 즉, 심볼릭 AI는 복잡성과 다양성이 증대될수록 규칙의 수와 상호작용이 기하급수적으로 증가하여 관리와 확장이 어려워지는 문제점을 노출하게 되었다.

그럼에도 불구하고 1970년대와 1980년대 심볼릭 AI는 다양한 성공 사례를 통해 전성기를 누리기도 했다. 전문가 시스템은 특정 분야에서 높은 정확도로 진단이나 의사결정을 지원하는 등 실용적인 응용에서 두각을 나타냈다. 논리 프로그래밍과 지식 표현 기법은 인공지능의 이론적 기초를 탄탄하게 다지는 데 기여했으며, 당시 연구자들은 이를 통해 인간의 사고 체계를 기계에 구현할 수 있다는 희망을 품었다. 1980년대 후반부터 1990년대에 들어 컴퓨팅 성능의 급격한 향상과 대규모 데이터의 축적이 가능해지면서 머신러닝과 뉴럴 네트워크 기반의 접근법이 본격적으로 등장했다. 데이터 중심의 학습 방법은 기계가 방대한 데이터를 통해 스스로 패턴과 규칙을 발견하게 함으로써, 명시적인 규칙 작성의 한계를 극복할 수 있는 대안으로 주목받았다. 뉴럴 네트워크는 초기 단순한 모델에서 시작해 점차 심층 신경망 구조로 발전하면서 복잡한 문제 해결 능력을 갖추게 되었으며, 이는 기존 심볼릭 AI의 접근법과는 전혀 다른 방식으로 문제에 접근하는 혁신적 모델로 평가받았다. 데이터 기반 학습은 경험적 패턴 인식과 일반화 능력을 통해 불확실하고 변화무쌍한 현실 세계의 문제에 보다 효과적으로 대응할 수 있었으며, 결과적으로 심볼릭 AI는 많은 분야에서 밀려나거나 보완적인 역할로 전환되는 결과를 초래했다.

그러나 심볼릭 AI가 완전히 소멸한 것은 아니다. 심볼릭 접근법이 제공하는 명시적 규칙 체계와 논리적 추론 능력은 여전히 인공지능 시스템의 설명 가능성과 투명성을 확보하는 데 중요한 요소로 남아 있다. 데이터 기반 모델의 경우, 학습 과정과 결과가 블랙박스처럼 작동하여 내부 의사결정 과정을 명확히 이해하기 어려운 문제가 있었고, 이로 인해 인공지능의 신뢰성에 대한 의문이 제기되었다. 반면, 심볼릭 AI는 규칙과 논리를 명시적으로 표현하므로 결과를 해석하고 검증하는 데 용이하며, 이러한 점은 특히 안전성과 윤리적 측면에서 중요한 의미를 갖는다. 데이터와 규칙, 학습과 추론의 상호 보완적 결합을 통해 인공지능은 보다 투명하고 신뢰할 수 있는 시스템으로 발전할 수 있다는 인식이 확산되면서, 심볼릭 AI의 중요성은 다시금 재조명되고 있다.

심볼릭 AI의 흥망성쇠를 통해 인공지능 연구는 한 가지 방법론에 의존하는 것이 아니라 다양한 접근법의 융합을 통해 발전해 왔음을 알 수 있다. 초기 심볼릭 모델은 인간의 사고 과정을 이해하고 모방하는 데 집중했으나 한계가 있었고, 머신러닝과 뉴럴 네트워크는 새로운 방식의 학습과 적응 능력을 보여주었다. 그러나 데이터 기반 모델이 가진 블랙박스 문제와 설명 가능성 결여는 인공지능이 단순히 계산 능력에 의존하는 모델로 머무르는 것을 경계하게 만들었다. 이러한 맥락에서 심볼릭 AI가 제공하는 논리적 추론과 명시적 지식 표현은 현대 인공지능이 나아갈 방향에 중요한 단서를 제공하며, 두 접근법의 융합은 앞으로의 인공지능 발전에 있어서 필수적인 요소로 자리매김할 전망이다.

또한, 심볼릭 AI가 남긴 유산은 인공지능 연구의 윤리적, 사회적 측면에서도 큰 의미를 갖는다. 인공지능이 다양한 사회 문제와 인간의 복잡한 심리를 이해하고 적응하기 위해서는 단순히 데이터를 기반으로 한 학습을 넘어, 명확한 규칙과 논리를 바탕으로 한 설명 가능성이 요구된다. 이는 인공지능 시스템이 실제 응용 분야에서 인간과 상호작용하고, 의사결정 과정에 대한 신뢰성을 확보하는 데 결정적인 역할을 하며, 향후 인공지능이 사회 전반에 걸쳐 긍정적 영향을 미치기 위한 필수 조건으로 작용한다.

현대에 들어 뉴로심볼릭 AI라는 새로운 패러다임이 부상하게 된 배경에는 바로 이와 같은 역사적 경험이 자리 잡고 있다. 뉴로심볼릭 AI는 머신러닝의 강력한 데이터 기반 학습 능력과 심볼릭 AI의 논리적 추론 능력을 결합하여, 기존 모델들이 지닌 한계를 보완하고자 하는 시도로 등장했다. 이러한 접근은 단순히 두 기술을 병합하는 것을 넘어, 인공지능이 스스로 학습한 결과에 대해 합리적 설명을 덧붙일 수 있는 새로운 방향을 제시하며, 실제 응용 환경에서의 신뢰성과 투명성을 크게 향상시키는 데 기여할 전망이다. 데이터의 막강한 패턴 인식 능력과 규칙 기반 추론의 명료함이 상호 보완될 때, 인공지능은 복잡한 현실 문제를 보다 정교하게 해결할 수 있게 되며, 이는 향후 범용 인공지능AGI 실현에 있어 결정적인 돌파구가 될 것으로 기대된다.

심볼릭 AI의 발전 과정을 다시 한 번 되짚어보면, 초기 인공지능 연구는 인간의 지식을 체계화하고 논리적으로 분석하려는 열망에서 시작되었으며, 그 결과물은 당시 사회 전반에 걸쳐 혁신적 변화를 이끌어냈다. 그러나 명시적 규칙에 의존하는 한계와 현실의 복잡성을 온전히 반영하지 못하는 문제점은 심볼릭 AI가 장기적인 확장성을 확보하는 데 큰 장애물로 작용했다. 이후 등장한 머신러닝과 뉴럴 네트워크는 이러한 문제점을 극복하기 위한 혁신적 도구로 각광받았으나, 동시에 그로 인한 블랙박스 현상과 설명 가능성 부족이라는 새로운 문제를 낳았다. 이처럼 인공지능 연구는 끊임없는 도전과 혁신을 통해 발전해 왔으며, 과거의 성공과 실패는 오늘날 인공지능이 나아가야 할 방향에 중요한 시사점을 제공한다.

결론적으로 심볼릭 AI는 인공지능 연구의 초석을 마련한 중요한 방법론임과 동시에, 그 한계가 드러나면서 새로운 기술적 도약의 필요성을 환기시킨 역사적 사례다. 명시적 규칙과 논리를 통해 인간의 사고를 모방하려 한 초기 시도는 이후 데이터 중심의 학습 방법과 융합되어, 보다 투명하고 신뢰할 수 있는 인공지능 시스템으로 발전할 가능성을 열어준다. 인공지능이 앞으로 더욱 복잡하고 다층적인 문제에 직면할 때, 심볼릭 AI가 남긴 이론적 토대와 경험은 두 가지 접근법의 균형 있는 결합을 모색하는 데 있어 값진 자산으로 작용할 것이다.

이러한 융합은 단순한 기술 발전을 넘어, 인간과 기계가 조화롭게 상호작용하는 미래 사회를 구축하는 데 필수적인 요소임을 다시 한 번 확인하게 한다.

뉴럴 네트워크 혁명

초기 인공지능은 사람이 직접 규칙을 만들어 문제를 풀도록 설계되었지만, 뉴럴 네트워크는 컴퓨터가 스스로 많은 데이터를 보고 학습하게 하는 방법이다. 이로 인해 복잡한 문제도 사람이 미리 준비하지 않아도 스스로 해결할 수 있게 되었으며, 이것이 바로 '뉴럴 네트워크 혁명'이다.

뉴럴 네트워크의 시작은 1950년대 말로 거슬러 올라간다. 그 당시 '퍼셉트론'이라는 간단한 모델이 등장했는데, 이는 여러 입력 값을 받아 가중치를 곱한 후 합산하여 결과를 내는 방식이었다. 퍼셉트론은 단순한 문제에는 효과적이었지만, 복잡한 문제를 풀기에는 한계가 있었다. 그래서 연구자들은 여러 층을 쌓아 더 복잡한 구조를 만든 다층 퍼셉트론Multi-Layer Perceptron을 개발하게 되었다. 다층 퍼셉트론에서는 각 층이 이전 층에서 얻은 정보를 조금씩 변형하여 전달한다. 이렇게 여러 단계를 거치면서 데이터 속에 숨겨진 패턴이나 특징을 점점 더 잘 이해할 수 있게 되는 것이다. 하지만 초창기에는 컴퓨터 성능이 부족하고 데이터도 많지 않아 이 모델들이 큰 성과를 내지는 못했다.

1980년대가 되면서 '역전파Backpropagation'라는 알고리즘이 도입되었다. 역전파는 결과로 나온 오류를 뒤로 전달하여 각 층의 가중치를 조정하는 방법이다. 이 과정을 반복하면서 뉴럴 네트워크는 스스로 학습하며 점점 더 정확한 예측을 할 수 있게 되었다. 역전파 알고리즘의 도입은 뉴럴 네트워크가 본격적으로 발전하는 데 결정적인 역할을 했다.

1990년대 이후, 컴퓨터의 연산 속도가 크게 향상되고 인터넷과 디지털 기기가 보급되면서 엄청난 양의 데이터가 생겨났다. 이 시점부터 뉴럴 네트워크는 다양한 분야에서 다시 주목받기 시작했다. 특히 이미지, 음성, 자연어와 같은 복잡한 정보를 처리하는 데 큰 도움이 되었다.

예를 들어, 이미지 인식 분야에서는 '컨볼루션 신경망Convolutional neural network, CNN'이 큰 역할을 했다. CNN은 사진이나 그림에서 중요한 부분만 골라내어 특징을 추출하는 데 특화되어 있다. 덕분에 컴퓨터는 사람 얼굴, 사물, 동물 등을 빠르고 정확하게 인식할 수 있게 되었다. 이는 스마트폰의 얼굴 인식 기능이나 자율주행 자동차에서 주변 사물을 인식하는 기술에 응용되고 있다.

음성 인식 분야에서는 '순환 신경망Recurrent neural network, RNN'과 그 변형인 '장단기 기억 네트워크Long short term memory network, LSTM'가 주목받았다. 이들 모델은 시간이 흐름에 따라 변화하는 데이터를 다루는 데 뛰어나다. 예를 들어, 사람이 말할 때 단어들의 순서와 맥락이 중요한데, RNN과 LSTM은 이러한 순차적 데이터를 효과적으로 처리할 수 있다. 이 덕분에 스마트폰의 음성 비서나 자동 번역 프로그램이 발전할 수 있었다.

2000년대 중반부터는 '딥러닝Deep learning'이라는 용어가 널리 사용되기 시작했다. 딥러닝은 수십, 수백 개의 층을 가진 심층 신경망을 말한다. 이런 심층 신경망은 데이터를 단계별로 분석하면서 단순한 특징부터 복잡한 패턴까지 모두 학습할 수 있다. 덕분에 사람이 직접 특징을 찾아내지 않아도 컴퓨터가 스스로 중요한 정보를 추출할 수 있게 되었다.

딥러닝의 성장은 하드웨어 발전과도 맞물려 있다. 예전에는 CPU로 계산을 했지만, 이제는 GPU와 같은 병렬 처리에 특화된 장치 덕분에 수천 개의 연산을 동시에 수행할 수 있게 되었다. 이러한 기술 발전은 뉴럴 네트워크가 더 큰 데이터와 복잡한 모델을 빠르게 학습할 수 있도록 도와주었다. 또한, 클라우드 컴퓨팅과 분산 시스템의 발전 덕분에 전 세계 연구자들이 함께 대규모 데이터를 다루며 모델을 개선할 수 있게 되었다.

뉴럴 네트워크의 가장 큰 장점은 사람이 모든 규칙을 직접 작성할 필요가 없다는 점이다. 예전에는 컴퓨터가 어떤 상황에서 어떻게 행동해야 하는지 모든 경우의 수를 사람이 미리 코드로 작성해야 했다. 그러나 뉴럴 네트워크는 방대한 데이터를 보고 스스로 규칙과 패턴을 학습한다. 마치 어린 아이가 경험을 통해 언어를 배우는 것과 비슷하다. 많은 예시를 보고 익숙해지면, 새로운 상황에서도 적절히 대응할 수 있게 되는 것이다.

예를 들어, 컴퓨터에게 수천 장의 고양이 사진과 강아지 사진을 보여주면, 컴퓨터는 자연스럽게 고양이와 강아지의 차이를 배우게 된다. 이후 보지 않은 새로운 사진이 주어지면, 컴퓨터는 그 사진 속 동물이 고양이인지 강아지인지를 판단할 수 있다. 이러한 방식은 사람이 모든 특징을 일일이 프로그래밍하지 않아도, 컴퓨터가 스스로 학습해 문제를 해결할 수 있게 한다.

이에 더 나아가서 뉴럴 네트워크를 더 발전시키기 위한 다양한 연구가 이루어졌다. 그 중 하나가 '생성적 적대 신경망 Generative adversarial network, GAN'이다. GAN은 두 개의 네트워크가 서로 경쟁하면서 학습하는 방식이다. 한 네트워크는 실제 같은 이미지를 만들어내려고 하고, 다른 네트워크는 그 이미지가 진짜인지 가짜인지를 판단한다. 이 경쟁 과정에서 두 네트워크 모두 점점 더 성능이 좋아져서, 결국 매우 사실적인 이미지를 생성할 수 있게 된다. GAN은 예술 작품 제작, 이미지 복원, 동영상 생성 등 여러 분야에서 큰 관심을 받고 있다.

또 다른 중요한 학습 방식은 '강화 학습'이다. 강화 학습은 컴퓨터가 직접 환경과 상호작용하며 스스로 경험을 쌓고, 보상을 최대화하는 방향으로 학습하는 방법이다. 이 과정은 마치 게임을 하며 경험을 통해 실력을 쌓는 것과 비슷하다. 알파고와 같은 인공지능 프로그램은 바둑이라는 게임에서 수많은 대국을 경험하며 최적의 전략을 학습했고, 결국 인간 최고수를 이길 정도로 발전했다.

이처럼 뉴럴 네트워크 혁명은 인공지능이 단순한 계산 기계를 넘어서, 스스로 학습하고 판단할 수 있는 도구로 발전하는 데 큰 역할을 했다. 뉴럴 네트워크 덕분에 오늘날 인공지능은 우리가 매일 사용하는 스마트폰, 인터넷 검색, 추천 시스템 등 다양한 분야에서 활용되고 있다. 사람들은 이제 컴퓨터가 단순히 미리 정해진 규칙에 따라 움직이는 것이 아니라, 스스로 배우고 적응할 수 있다는 사실에 놀라움을 느낀다.

또한 뉴럴 네트워크는 우리의 삶에 직접적인 변화를 가져오고 있다. 자율주행 자동차는 주변 상황을 실시간으로 분석하여 안전하게 주행할 수 있도록 돕고, 의료 분야에서는 환자의 영상 데이터를 분석해 암이나 기타 질병을 조기에 진단하는 데 사용된다. 금융 분야에서는 고객의 신용도를 평가하거나 이상 거래를 탐지하는 데 뉴럴 네트워크가 큰 역할을 하고 있다. 이처럼 뉴럴 네트워크는 여러 산업 분야에서 혁신적인 변화를 이끌어내며, 우리 생활의 편리함과 안전성을 크게 높이고 있다.

하지만 뉴럴 네트워크에도 단점은 존재한다. 대표적인 문제는 '블랙박스' 문제이다. 뉴럴 네트워크 내부에서 어떤 과정을 거쳐 결과를 내는지 쉽게 이해하기 어렵다. 즉, 컴퓨터가 어떻게 결정을 내렸는지 설명하기 힘들다는 점이다. 이러한 문제로 인해, 최근에는 뉴럴 네트워크의 작동 원리를 보다 명확하게 밝히기 위한 연구도 함께 진행되고 있다. 사람들이 인공지능의 결정 과정을 이해할 수 있어야, 그 기술을 더욱 신뢰하고 안전하게 사용할 수 있기 때문이다.

뉴럴 네트워크는 또 많은 데이터를 필요로 한다. 충분한 양의 데이터가 있어야만 컴퓨터가 올바르게 학습할 수 있으며, 데이터가 부족하거나 품질이 낮으면 학습 결과도 좋지 않다. 때문에 데이터 수집과 정제 과정이 매우 중요하다. 최근에는 데이터를 인위적으로 늘리거나, 기존 데이터를 보완하는 방법들이 연구되고 있으며, 이를 통해 보다 효율적인 학습 환경을 만들고자 노력하고 있다.

뉴럴 네트워크 혁명은 단순히 기술적인 발전에 그치지 않고, 사회 전반에 걸쳐 큰 변화를 불러왔다. 인공지능 기술의 발전은 새로운 산업을 창출하고, 기존 산업의 방식을 혁신하는 역할을 하고 있다. 이와 함께 인공지능이 우리 생활에 미치는 영향을 둘러싼 논의도 활발히 이루어지고 있다. 일부에서는 인공지능이 일자리에 미치는 부정적 영향을 우려하기도 하지만, 동시에 인공지능이 인간의 삶을 보다 풍요롭고 편리하게 만들 수 있는 잠재력을 가진다는 점도 강조된다.

오늘날 뉴럴 네트워크 기술은 일반인들이 사용하는 다양한 기기와 서비스 속에 깊숙이 자리잡고 있다. 스마트폰의 음성 인식, 인터넷의 맞춤형 추천, 자율주행 차량의 안전 제어 등은 모두 뉴럴 네트워크 덕분에 가능해진 기술이다. 사람들은 이제 컴퓨터가 스스로 배우고, 그 배운 것을 바탕으로 문제를 해결한다는 사실에 익숙해지고 있으며,

앞으로도 이 기술은 더욱 발전할 것으로 기대된다.

앞으로 뉴럴 네트워크는 현재보다 더 많은 데이터를 처리하고, 더 정교한 모델로 발전할 것으로 보인다. 연구자들은 뉴럴 네트워크가 가진 블랙박스 문제를 해결하고, 그 작동 원리를 보다 쉽게 설명할 수 있도록 노력하고 있다. 이는 인공지능을 더욱 안전하고 신뢰할 수 있는 기술로 만드는 데 중요한 역할을 할 것이다. 또한, 더 많은 데이터를 효율적으로 활용할 수 있는 기술 개발과 함께, 뉴럴 네트워크가 적용될 수 있는 새로운 분야들도 계속해서 등장할 것으로 예상된다.

뉴럴 네트워크 혁명이 가져올 변화와 미래

뉴럴 네트워크 혁명은 인공지능이 사람의 도움 없이 스스로 배우고, 문제를 해결할 수 있는 시대를 여는 큰 전환점이다. 인간의 뇌를 모방한 이 기술은 많은 데이터를 통해 스스로 규칙을 찾고, 복잡한 문제를 해결하는 능력을 갖추게 됐다. 앞으로도 뉴럴 네트워크 기술은 발전을 거듭하며, 우리의 생활 곳곳에 긍정적인 변화를 가져올 것이다. 또한 인간과 기계가 함께 만들어갈 미래 사회의 중요한 기반이 될 것이다. 우리가 지금 겪고 있는 많은 변화는 이 기술 덕분에 가능 해졌으며, 앞으로도 더욱 혁신적인 서비스와 제품들이 등장할 것으로 기대된다. 사람들은 인공지능과 함께 살아가며, 그 속에서 새로운 기회를 찾아 나갈 것이며, 이러한 변화는 모두 뉴럴 네트워크 혁명의 결과임을 다시금 확인할 수 있을 것이다.

뉴럴 네트워크의 발전과 함께 여러 가지 해결해야 할 문제점들도 점차 부각되기 시작한다. 예를 들어 컴퓨터가 내린 결정의 이유를 사람이 쉽게 이해할 수 없는 '블랙박스' 문제가 대표적이다. 뉴럴 네트워크는 수많은 층과 복잡한 계산 과정을 거쳐 결과를 도출하기 때문에, 어떤 입력이 어떤 방식으로 결과에 영향을 미쳤는지 설명하기 어려운 경우가 많다. 이러한 문제를 해결하기 위해 최근 연구자들은 '설명 가능한 인공지능Explainable AI, XAI' 기술을 적극적으로 개발하고 있다. XAI 기술은 뉴럴 네트워크 내부의 작동 과정을 시각화 하거나, 결정 과정의 주요 포인트를 추출해내어 사람이 이해할 수 있는 방식으로 제공함으로써, 사용자들이 인공지능의 판단 근거를 보다 명확하게 파악할 수 있도록 돕는다. 의료 진단, 금융 거래, 법률 자문 등 결과에 대한 투명성이 중요한 분야에서는 이러한 설명 가능성이 큰 의미를 가진다.

또 다른 문제는 뉴럴 네트워크가 학습하는데 필요한 방대한 양의 데이터와 이로 인한 편향bias 문제다. 데이터가 충분치 않거나, 특정 집단의 데이터가 부족하다면, 모델은 편향된 결과를 낼 위험이 있다. 예를 들어, 특정 인종이나 성별에 대한 데이터가 불균형 하게 수집될 경우, 그 결과로 편향된 판단이 내려질 수 있다. 이런 문제를 해결하기 위해 연구자들은 데이터 수집 단계에서부터 공정성을 확보하고, 데이터 전처리 및 증강 기법을 통해 모델의 편향을 줄이기 위한 다양한 방법들을 모색하고 있다. 이 과정에서 인공지능 윤리와 공정성에 관한 논의가 활발하게 진행되고 있으며, 이러한 논의는 인공지능이 사회에 미치는 영향을 긍정적으로 만들기 위한 필수적인 노력으로 자리 잡고 있다.

더 나아가, 뉴럴 네트워크 학습에 사용되는 대규모 모델들은 상당한 양의 전력과 자원을 소모한다는 점도 중요한 이슈다. 최근 몇 년간 대규모 심층 신경망을 학습시키기 위해 사용되는 전력량과 계산 자원이 환경 문제와 비용 문제로 대두되면서, 연구자들은 에너지 효율적인 모델 구조와 경량화 기법에 대한 관심을 기울이고 있다. 모델 경량화 기법이나 지식 증류Knowledge Distillation와 같은 기술들은 원래의 복잡한 모델을 보다 작고 효율적인 형태로 압축하여, 에너지 소비를 줄이면서도 충분한 성능을 유지할 수 있도록 돕는다. 이러한 노력은 인공지능 기술의 상용화와 대중화를 더욱 촉진하는 중요한 요소가 되고 있다.

뉴럴 네트워크의 응용 분야도 계속해서 확장되고 있다. 현재 자율주행 자동차는 뉴럴 네트워크를 기반으로 주변 환경을 실시간으로 분석하고, 보행자와 다른 차량을 인식하여 안전하게 주행할 수 있도록 돕고 있다. 의료 분야에서는 컴퓨터가 환자의 영상 데이터를 분석하여 질병을 조기에 진단하는 데 활용되고 있으며, 이러한 기술은 의료진의 판단을 보조하고 진단의 정확도를 높이는 역할을 하고 있다. 교육 분야에서는 학생 개개인의 학습 패턴과 성취도를 분석하여 맞춤형 학습 콘텐츠를 제공하는 인공지능 튜터 시스템이 개발되고 있으며, 이를 통해 교육의 질과 효율성을 크게 향상시킬 수 있는 가능성이 열리고 있다. 엔터테인먼트 분야에서도 뉴럴 네트워크는 혁신적인 변화를 불러일으키고 있다. 가상 현실Virtual reality, VR이나 증강 현실Augmented reality, AR 기술에 인공지능을 접목하여, 사용자가 몰입감 있는 체험을 할 수 있도록 돕는 사례가 늘어나고 있다. 게임 산업에서는 플레이어의 행동 패턴을 분석해 게임 난이도를 조절하거나, 새로운 스토리라인을 생성하는 등 보다 개인화된 경험을 제공하고 있다. 또한, 예술 분야에서는 인공지능이 작곡, 그림 그리기, 영상 편집 등 창의적인 작업에 활용되면서, 인간과 기계가 협업하는 새로운 형태의 예술 창작이 시도되고 있다.

사회적 측면에서도 뉴럴 네트워크 기술은 중요한 변화를 가져오고 있다. 인공지능의 발전으로 인해 일부 직종은 자동화되고 새로운 직업이 생겨나는 등 노동 시장에 변화가 일고 있으며, 이러한 변화에 대비하기 위한 사회적 논의와 정책 마련이 필요하다. 특히, 인공지능이 대량의 개인정보를 처리하는 과정에서 개인정보 보호와 관련된 문제도 심각하게 고려되어야 한다. 각국 정부와 국제 사회는 인공지능 기술이 개인의 프라이버시를 침해하지 않도록 법적, 윤리적 기준을 마련하려는 노력을 기울이고 있으며, 이는 기술 발전과 함께 반드시 해결해야 할 중요한 과제다.

뉴럴 네트워크의 미래는 단순히 현재의 기술적 성과에 머무르지 않고, 다른 인공지능 기술과의 융합을 통해 더욱 발전할 전망이다. 최근 주목받고 있는 뉴로심볼릭 AI는 데이터 기반 학습과 규칙 기반 추론의 장점을 결합하려는 시도로, 복잡한 문제를 보다 명확하게 설명할 수 있는 인공지능 시스템을 구축하는 데 기여할 것으로 기대된다. 뉴로심볼릭 AI는 데이터가 부족하거나 예외 상황이 발생했을 때, 기존 뉴럴 네트워크의 한계를 보완할 수 있는 중요한 대안으로 떠오르고 있다.

앞으로는 양자 컴퓨팅이나 엣지 컴퓨팅과 같은 최신 기술들과 결합하여, 뉴럴 네트워크의 학습 속도와 효율성을 한층 더 높일 수 있을 것으로 보인다. 양자 컴퓨팅은 기존 컴퓨터보다 훨씬 빠른 계산 능력을 제공할 가능성이 있으며, 이를 통해 복잡한 뉴럴 네트워크 모델을 더욱 빠르게 학습시킬 수 있는 연구들이 진행되고 있다. 엣지 컴퓨팅은 데이터를 클라우드가 아닌 사용자 가까이에서 처리하여 실시간 응답 속도를 높이는 기술로, 자율주행, 스마트시티, 사물인터넷IoT 등 다양한 분야에서 뉴럴 네트워크의 활용을 극대화할 수 있다.

오픈 소스 소프트웨어와 클라우드 기반의 플랫폼이 확산되면서, 뉴럴 네트워크를 연구하고 활용하는 환경이 보다 민주화되고 있다. 누구나 쉽게 접근할 수 있는 텐서플로, 파이토치와 같은 프레임워크 덕분에 학습 자료와 코드가 공유되고, 전 세계의 연구자들이 협력하여 혁신적인 결과를 만들어내고 있다. 이러한 협업의 장은 인공지능 기술의 발전 속도를 더욱 가속화하고 있으며, 미래에는 더욱 다양한 아이디어와 응용 사례들이 등장할 것으로 기대된다.

결국 뉴럴 네트워크 혁명은 단순히 기술적 진보를 넘어서, 우리 사회 전반에 걸쳐 큰 변화를 일으키는 중요한 전환점임을 알 수 있다. 이 기술은 우리의 일상생활을 더 편리하고 안전하게 만들 뿐만 아니라, 새로운 산업과 경제적 기회를 창출하며, 교육, 의료, 예술 등 다양한 분야에서 혁신적인 발전을 이끌어내고 있다. 물론, 이와 동시에 해결해야 할 여러 문제점들도 존재하지만, 연구자들과 산업계, 정부, 그리고 시민사회가 함께 협력하여 이러한 문제들을 극복해 나간다면, 뉴럴 네트워크가 가져다줄 미래는 매우 밝을 것이다.

앞으로의 인공지능 시대에 있어 뉴럴 네트워크는 핵심 기술로 자리잡으며, 이를 바탕으로 한 다양한 혁신적인 서비스와 제품들이 등장할 것으로 기대된다. 사람들은 인공지능과 함께 살아가는 새로운 세상에서, 기술이 주는 혜택과 도전을 균형 있게 받아들이며, 보다 나은 미래를 만들어 나갈 것이다. 이러한 변화의 흐름 속에서, 우리는 인공지능 기술이 가져올 긍정적인 영향뿐만 아니라, 그 이면에 숨어 있는 문제점들에 대해 지속적으로 관심을 기울이고, 적절한 대응책을 마련하는 것이 중요하다.

이처럼 뉴럴 네트워크는 기술, 경제, 사회 전반에 걸쳐 막대한 영향을 미치고 있으며, 앞으로의 발전 방향에 따라 우리의 삶과 사회 구조가 크게 변화할 것으로 전망된다. 인공지능 기술이 더욱 발전하면서 나타날 다양한 가능성과 도전 과제에 대해 열린 마음으로 논의하고, 기술의 윤리적, 사회적 문제를 함께 해결해 나가는 노력이 그 어느 때보다 중요하다. 뉴럴 네트워크 혁명은 우리 모두가 함께 만들어 가야 할 미래 사회의 중요한 기초임을 다시 한 번 인식하며, 앞으로 이 기술이 가져올 혁신을 기대하고 준비하는 것이 필요하다.

설명 가능성에 대한 갈증

 스마트폰의 음성 비서부터 자율주행 자동차, 의료 진단 시스템에 이르기까지 AI 기술은 우리 일상의 많은 부분에 스며들어 있다. 그러나 이러한 인공지능 시스템이 내리는 결정이나 추천이 왜 그렇게 나왔는지, 어떤 이유로 그 결론에 도달했는지를 쉽게 알 수 없는 경우가 많다. 사람들은 AI가 단순히 데이터를 처리하여 결과만 내놓는 기계가 아니라, 왜 그런 결과가 도출되었는지 그 과정을 알고 싶어 한다. 이처럼 AI의 판단 근거를 명확하게 이해하고 싶어 하는 마음, 즉 "설명 가능성"에 대한 갈증은 점점 더 커지고 있다.
 과거 초기의 인공지능은 사람이 직접 정한 규칙과 논리 체계에 따라 작동했다. 예를 들어 온도가 일정 수준 이상이 되면 에어컨을 작동시키는 식의 명확한 규칙이 있었다. 이러한 시스템은 규칙이 명확하기 때문에 왜 그런 결과가 나왔는지를 쉽게 설명할 수 있었고, 사용자는 결과에 대해 큰 의문 없이 받아들일 수 있었다. 그러나 현대의 인공지능은 대량의 데이터를 바탕으로 스스로 학습하고 결정을 내리는 딥러닝 기술을 사용한다. 이 과정에서 수십, 수백 개의 계산 단계와 복잡한 수학적 연산이 이루어지기 때문에, 우리가 그 내부의 작동 원리를 들여다보기란 사실상 불가능에 가깝다. 그래서 AI의 판단 과정을 '블랙박스'라고 부르며, 그 이유와 과정을 이해하기 어렵다는 문제가 발생한다.

사람들은 AI가 내린 결정에 대해 "왜 이런 결과가 나왔을까?", "내가 낸 입력 값과 어떻게 연결된 걸까?"와 같은 질문을 자연스럽게 하게 된다. 온라인 쇼핑몰에서 '당신을 위한 추천' 상품이 왜 나오게 되었는지, 혹은 은행에서 대출 심사를 할 때 AI가 내린 결과가 어떤 이유에서 비롯된 것인지에 대한 설명이 부족하다면 사용자들은 불신을 품게 된다. 특히 의료 분야나 금융, 법률처럼 결정 하나가 사람의 생명이나 재산, 권리에 큰 영향을 미치는 분야에서는 AI의 판단 근거를 명확히 알 수 있어야 한다. 만약 인공지능이 "이 환자는 암일 가능성이 높습니다"라는 결과만 내놓는다면, 환자와 의사는 그 결과가 어떤 데이터를 바탕으로, 어떤 증거를 통해 도출되었는지 알 수 없어 큰 불안감을 느낄 수밖에 없다.

이러한 상황에서 '설명 가능한 인공지능XAI'에 대한 연구가 활발하게 진행되고 있다. 설명 가능한 인공지능은 AI가 내린 결정의 이유와 과정을 사람이 이해할 수 있는 형태로 제공하려는 노력이다. 연구자들은 AI 시스템이 왜 그런 결론에 도달했는지를 시각적, 텍스트적, 혹은 다른 방식으로 설명할 수 있도록 다양한 방법을 개발하고 있다. 이미지 인식 시스템이 특정 사진에서 고양이를 인식할 때, 그 사진의 어느 부분에 주목했는지를 색상이나 경계 상자로 표시하여 "이 부분의 특징이 고양이를 나타냅니다"라고 보여줄 수 있다. 또 다른 방법으로는 복잡한 딥러닝 모델 대신 결정 트리나 규칙 기반 모델과 같이 이해하기 쉬운 보조 모델을 함께 사용하여 전체 결정 과정을 설명하는 방식을 들 수 있다.

이처럼 AI의 판단 근거를 명확하게 설명하는 기술은 단순히 학문적인 호기심을 넘어서, 사용자와 사회 전반에 걸쳐 큰 의미를 가진다. 사람들이 AI의 결정을 이해할 수 있어야 그 결과를 신뢰할 수 있고, 만약 잘못된 판단이 나왔을 때 문제의 원인을 찾아내어 수정할 수 있기 때문이다. 실제로 자율주행 자동차가 사고를 일으켰을 때, 그 사고의 원인이 AI의 판단 오류 때문이었다면, 사고의 경위를 명확하게 파악할 수 있어야 향후 같은 문제가 발생하지 않도록 개선할 수 있다. 금융 분야에서도 AI가 대출 심사나 투자 결정을 내릴 때, 그 판단 근거가 불분명하면 사용자와 감독 기관 모두 불신을 가지게 되고, 이는 결국 사회적 혼란으로 이어질 수 있다.

설명 가능성의 중요성은 단순히 기술적 측면만이 아니다. AI가 우리 삶에 깊숙이 들어오면서, 그 결정에 따른 법적, 윤리적 문제도 함께 대두되고 있다. 만약 AI의 판단 이유가 전혀 설명되지 않는다면, 잘못된 판단으로 인한 피해가 발생했을 때 누가, 어떻게 책임을 져야 하는지 명확하지 않게 된다. 예를 들어, 의료 AI가 오진을 하여 환자에게 큰 피해를 입혔다고 하더라도, 그 판단의 근거를 설명할 수 없다면 의료진이나 개발자, 혹은 AI 자체에게 책임을 물을 수 있는 근거가 약해진다. 이와 같이 설명 가능성은 AI 기술이 사회적으로 받아들여지기 위해 반드시 해결해야 할 중요한 과제이다.

현재 전 세계의 여러 연구 기관과 기업들은 이러한 설명 가능성 문제를 해결하기 위해 다양한 방법을 모색하고 있다. 일부 연구에서는 AI 모델의 내부 작동 방식을 단순화하거나, 중요한 결정 요소만을 추출하여 이를 사용자에게 제공하는 방식을 제안하고 있다. 또 다른 연구에서는 '주의 메커니즘'과 같은 기술을 사용하여, AI가 입력 데이터 중 어떤 부분에 집중했는지를 시각적으로 보여줌으로써 사용자가 결과의 근거를 쉽게 파악할 수 있도록 돕고 있다. 이러한 기술들은 아직 초기 단계에 머물러 있지만, 앞으로 점점 더 발전하여 일반 사용자도 AI의 결정 과정을 이해할 수 있는 날이 올 것으로 기대된다.

설명 가능한 인공지능 기술이 발전함에 따라, 우리는 AI와의 상호 작용에서 단순히 결과만을 받아들이는 것이 아니라, 그 결과가 어떻게 도출되었는지를 이해하게 될 것이다. 이는 AI가 인간의 동반자로서 더욱 역할을 확실히 할 수 있도록 돕는 중요한 요소이다. 의료 분야에서 의사는 AI의 판단 근거를 검토한 후 최종 진단에 반영할 수 있고, 금융 분야에서는 투자 결정이나 대출 심사 과정에서 AI의 분석 결과를 보다 신뢰성 있게 활용할 수 있다. 이처럼 AI의 설명 가능성은 단순히 기술적 문제를 넘어, 인간과 AI가 함께 협력하며 상호 보완하는 미래 사회를 만드는 데 중요한 역할을 한다.

또한 AI의 설명 가능성 문제는 사용자 교육과도 깊은 관련이 있다. 많은 사용자들이 AI 기술을 사용하는 과정에서 그 내부 작동 원리를 이해하지 못하면, 결과에 대해 불필요한 불안감을 느끼거나 오해를 할 수 있다. 따라서 AI 기술을 개발하는 기업과 정부, 학계 등은 사용자들이 AI의 작동 방식을 어느 정도 이해할 수 있도록 교육 자료와 가이드를 제공해야 한다. 사용자가 AI의 결정 근거를 이해하게 되면, AI에 대한 신뢰가 높아지고, 더 나아가 AI 기술이 사회 전반에 긍정적인 영향을 미칠 수 있게 된다.

설명 가능성에 대한 갈증은 기술 발전과 함께 더욱 커지고 있다. AI 기술이 빠르게 발전하면서 그 내부의 복잡성도 함께 증가하고 있는데, 이로 인해 사용자들이 AI의 판단 과정을 이해하기 어려워진다. 이러한 문제를 해결하기 위해서는 단순히 기술적 방법론을 개발하는 것에 그치지 않고, AI의 활용 과정에서 발생할 수 있는 사회적, 윤리적 문제들을 함께 고려해야 한다. AI 기술이 우리 생활에 깊숙이 들어올수록, 그 결정의 투명성과 설명 가능성은 더욱 중요한 화두가 될 것이다. 미래 사회에서는 AI의 판단 근거를 누구나 쉽게 이해할 수 있는 기술과 제도가 마련되어야 하며, 이를 통해 AI가 안전하고 신뢰할 수 있는 동반자로 자리잡게 될 것이다.

설명 가능한 AI 기술은 단순히 결과만을 보여주는 것이 아니라,

AI가 어떻게 학습하고, 어떤 데이터를 바탕으로 결정을 내렸는지에 대한 정보를 제공함으로써 사용자들이 스스로 판단하고 검토할 수 있는 기회를 마련해 준다. 예를 들어, 한 건강 관리 앱이 사용자의 생활 습관과 건강 데이터를 분석해 "당신의 혈당 수치와 식습관이 당뇨병 위험을 높이고 있습니다"라는 결과를 내놓는다면, 그 과정에서 어떤 데이터가 주된 영향을 미쳤는지, 어떤 기준으로 판단했는지를 함께 제공한다면 사용자는 자신의 생활 습관을 개선하는 데 큰 도움이 될 것이다. 이처럼 설명 가능한 AI는 사용자와 기술 간의 신뢰를 쌓는 데 매우 중요한 역할을 하며, 결과적으로 AI가 사회 전반에 긍정적인 변화를 가져오는 데 기여할 수 있다.

기계가 아닌 동반자

설명 가능한 AI 기술을 구현하는 데에는 많은 어려움이 따른다. 복잡한 딥러닝 모델은 수많은 계산과 파라미터를 포함하고 있어, 이를 단순한 언어로 풀어 설명하기란 매우 어려운 일이다. 연구자들은 이러한 어려움을 극복하기 위해 다양한 접근 방식을 시도하고 있으며, 그 중 하나는 기존의 복잡한 모델을 보조하는 단순한 모델을 함께 사용하는 것이다. 이를 통해 전체 시스템의 작동 원리를 보다 쉽게 파악할 수 있도록 하는 것이다. 또 다른 방법은 AI가 내린 결정에 대해 "이 부분이 중요한 역할을 했다"와 같이 핵심 포인트만을 추출해 사용자에게 제공하는 것이다. 이러한 노력들이 모여 앞으로는 누구나 AI의 판단 과정을 이해할 수 있는 시대가 올 것으로 기대된다.

설명 가능성은 단순히 기술적인 문제만이 아니라, 사회 전반의 신뢰와 안전, 그리고 윤리적 책임과도 깊은 관련이 있다. 만약 AI가 내린 결정에 대해 충분한 설명이 제공되지 않는다면, 잘못된 판단이나 편향된 결과로 인한 피해가 발생했을 때 책임 소재를 분명히 하기가 어렵다. 이로 인해 사회적 갈등이나 법적 분쟁이 발생할 위험이 있으며, 결국 AI 기술 자체에 대한 신뢰도가 크게 떨어질 수 있다. 따라서 앞으로는 AI 기술을 개발하고 활용하는 모든 과정에서 설명 가능성을 핵심 요소로 고려해야 하며, 이를 통해 기술과 사회가 함께 발전할 수 있는 토대를 마련해야 한다.

앞으로 인공지능이 더욱 발전하고 우리의 삶 속에 깊숙이 들어올수록, 설명 가능성에 대한 요구는 더욱 강해질 것이다. 사람들은 AI의 결과를 단순히 받아들이는 것을 넘어서, 그 결정의 이유와 과정을 이해하고 싶어하며, 이를 통해 AI와 보다 건강한 관계를 형성할 수 있을 것이다. 설명 가능한 인공지능 기술이 발전하면, 우리는 AI를 맹목적으로 신뢰하기보다는 그 결과를 스스로 검토하고 판단할 수 있는 능력을 갖추게 될 것이며, 이는 궁극적으로 인간과 AI가 함께 조화를 이루며 살아가는 미래 사회를 만드는 데 큰 도움이 될 것이다.

이와 같이, 설명 가능성에 대한 갈증은 단순한 기술적 문제를 넘어, 인간과 기계가 상호 신뢰할 수 있는 협력 관계를 형성하는 데 필수적인 요소이다. AI의 내부 작동 원리를 투명하게 밝히고, 그 결정 과정을 명확하게 설명할 수 있는 기술이 발전하면, 사용자들은 AI의 결과에 대해 더욱 높은 신뢰를 갖게 될 것이며, 사회 전반에서도 AI가 긍정적인 역할을 할 수 있게 될 것이다. 앞으로 연구자와 개발자, 그리고 정책 입안자들은 이러한 설명 가능성을 높이기 위한 노력을 지속적으로 기울여, 모든 사용자가 AI의 판단 근거를 쉽게 이해할 수 있는 환경을 조성해야 할 것이다.

결국, 설명 가능한 인공지능은 우리 모두가 AI와 함께 살아가는 미래 사회에서 매우 중요한 역할을 하게 될 것이며, AI가 단순히 결과만을 내놓는 도구가 아니라, 인간과 함께 상호 작용하며 더 나은 결정을 이끌어내는 동반자로 자리잡기 위해 반드시 해결해야 할 과제이다. 우리가 AI의 판단 과정을 이해하고 그 이유를 검토할 수 있다면, 보다 안전하고 신뢰할 수 있는 기술 환경이 만들어질 것이며, 이는 사회 전반의 발전과 긍정적인 변화를 이끌어내는 원동력이 될 것이다. 이러한 노력이 쌓여 미래에는 AI와 인간이 서로를 보완하며 함께 발전하는 건강한 생태계가 형성될 것이며, 모든 사람이 AI의 혜택을 누릴 수 있는 세상이 열릴 것이다.

앞으로 설명 가능성에 대한 연구와 실용적인 기술 개발이 더욱 활발해지기를 기대하며, AI가 내리는 모든 결정이 왜 그런 결과를 낳았는지 명확히 밝힐 수 있는 날이 오기를 희망한다. 이를 통해 우리는 AI를 단순한 기계가 아니라, 우리와 함께 소통하고 협력할 수 있는 지능적인 동반자로 받아들일 수 있을 것이며, 그 과정에서 발생할 수 있는 다양한 문제들을 미연에 방지하고, 보다 신뢰할 수 있는 미래 사회를 만들어 나갈 수 있을 것이다. 오늘날 우리가 느끼는 설명 가능성에 대한 갈증은 단순히 기술 발전의 한 단계가 아니라, AI와 인간이 공존하는 새로운 시대를 열어가는 데 있어 중요한 디딤돌임을 다시 한 번 깨닫게 된다.

이와 같이 설명 가능한 인공지능은 앞으로 우리가 AI 기술을 보다 효과적으로 활용하고, 그로 인한 사회적, 윤리적 문제들을 해결하는 데 큰 역할을 할 것이며, 그 결과 우리 모두가 더 나은 미래를 향해 한 걸음 더 나아갈 수 있게 될 것이다.

퓨처 AI의 등장:
뉴로심볼릭

앞서 우리는 인공지능이 점점 더 복잡해지면서, 단순한 결과 제시를 넘어 왜 그런 결과가 나왔는지를 설명할 수 있는 '설명 가능성'에 대한 요구가 커지고 있음을 살펴보았다. 그러나 AI가 단순히 판단 근거를 설명하는 데 그치지 않고, 스스로 더 깊이 사고하고 논리적 과정을 전개할 수 있다면 어떨까? 이러한 차원에서 주목받고 있는 것이 바로 뉴로심볼릭 AI이다. 기존의 인공지능이 데이터를 빠르게 처리해 결과를 내놓는 것에 집중했다면, 뉴로심볼릭 AI는 인간처럼 내부에서 의미 있는 개념을 구성하고, 그 개념들 사이의 관계를 추론하며 사고를 확장하는 방식을 지향한다. 이는 단순한 입력-출력 연산을 넘어, AI

가 스스로 가설을 세우고 이를 바탕으로 논리적 추론hypothesis-based reasoning을 수행하는 새로운 패러다임을 제시한다.

가설 기반 추론이란, 말 그대로 AI가 어떤 문제에 대해 여러 가능한 가설(혹은 설명)을 생성하고, 그 가설들을 하나씩 검증해 나가며 최종적으로 가장 타당한 결론에 도달하는 과정을 의미한다. 인간의 사고 과정에서도 우리는 문제에 직면하면 "이럴 수도 있겠다", "저럴 수도 있겠다"라는 여러 가설을 세우고, 경험과 증거를 통해 어느 하나를 선택하거나 수정하는 과정을 거친다. 이러한 방식은 단순히 한 가지 답을 빠르게 내놓는 것을 넘어서, 문제의 본질을 깊이 파악하고 복잡한 상황에서도 논리적인 결론을 도출하는 데 매우 효과적이다.

뉴로심볼릭 AI는 바로 이러한 인간의 사고 방식을 모방하고자 한다. 기존의 딥러닝 모델은 대량의 데이터를 학습해 패턴을 인식하는 데 뛰어나지만, 그 과정은 주로 암묵적이며 블랙박스와 같다. 반면, 전통적인 심볼릭 AI는 명확한 규칙과 논리를 기반으로 한 추론을 수행할 수 있으나, 복잡한 패턴과 모호한 데이터를 다루는 데 한계가 있었다. 뉴로심볼릭 AI는 이 두 접근법의 장점을 결합하여, AI가 데이터에서 학습한 직관적 정보를 심볼릭한 규칙과 결합한 명확한 논리적 추론을 수행할 수 있도록 한다.

특히, 최근 도입된 잠재 공간 사고latent-space thinking 방식은 AI가 내부의 잠재 공간에서 깊이 사고한 후 최종 결론을 내놓는 방법으로, 정보의 손실 없이 복잡한 관계들을 온전히 유지할 수 있게 해준다. 그러나 이 방식만으로는 AI가 왜 그 결론에 도달했는지를 충분히 설명하기 어려울 수 있다. 여기서 가설 기반 추론 방법이 등장한다. 이 방법은 AI가 잠재 공간 내에서 도출한 여러 가능성 중에서 '가설'을 생성하고, 각 가설이 문제 상황에 얼마나 부합하는지, 어떤 증거와 연결되는지를 체계적으로 분석하는 과정을 포함한다.

의료 진단 상황을 생각해보자. AI가 환자의 증상과 검사 결과를 분석해 "이 환자는 A 질환일 가능성이 크다"라는 최종 결론을 내놓는다고 하자. 단순히 최종 결론만 제시된다면, 의사와 환자는 그 이유를 명확히 이해하기 어려울 수 있다. 그러나 가설 기반 추론 방식을 도입하면, AI는 먼저 "환자의 증상은 A, B, C 세 가지 질환 모두와 어느 정도 부합한다"라는 여러 가설을 세운 후, 각 가설에 대해 추가 데이터를 분석하고, 그 과정에서 "특정 검사 결과가 A 질환과 가장 높은 상관관계를 보인다"라는 근거를 마련한다. 최종적으로 AI는 "여러 가설 중 증거에 가장 부합하는 A 질환이 최종 진단이다"라는 결론과 함께, 그 과정에서 어떤 증거와 논리적 단계를 거쳤는지를 상세하게 설명할 수 있게 된다.

이와 같이 가설 기반 추론은 AI가 단순히 데이터를 보고 결론을 내리는 것에서 한 걸음 더 나아가, 스스로 여러 가능성을 고려하고 그 중에서 최적의 해답을 선택하는 과정을 체계적으로 구현하는 방법이다. 이러한 과정은 AI의 사고가 보다 투명해지고, 결과에 대한 신뢰도를 높이는 데 크게 기여한다. 사용자는 AI가 단순히 "이렇다"라는 답변만을 내놓는 것이 아니라, "왜 그렇게 결론을 내렸는지" 그 이유를 상세히 들여다볼 수 있게 된다.

가설 기반 추론을 구현하는 방법은 여러 가지가 있을 수 있다. 한 가지 접근은 AI가 잠재 공간 내에서 특정 상황에 대해 다수의 후보 가설을 생성하고, 이를 각각 평가하는 것이다. 평가 과정에서는 각 가설이 현재의 입력 데이터와 얼마나 잘 부합하는지를 측정하는 여러 기준이 사용된다. 이러한 기준은 통계적 유의성, 데이터와의 일관성, 기존의 도메인 지식 등 다양한 요소를 포함할 수 있다. 평가 결과, 가장 타당한 가설이 최종 결론으로 채택되며, 동시에 그 과정에서 사용된 모든 논리적 단계와 증거들이 함께 제시된다.

또 다른 방법은, AI가 생성한 가설들을 순차적으로 테스트하는 방식이다. 이 방식에서는 AI가 먼저 하나의 가설을 세우고, 그 가설이 문제를 해결하는 데 충분한지를 검증한다. 만약 검증 과정에서 모순이나 불충분한 부분이 발견되면, AI는 해당 가설을 수정하거나 새로운 가설을 추가로 생성하여 재검증하는 과정을 반복한다. 이러한 반복적인 가설 - 검증 - 수정의 과정을 통해, AI는 점차적으로 더 정교한 추론 과정을 구축하게 된다.

이러한 가설 기반 추론 방법은 잠재 공간 사고와 자연스럽게 결합되어, 뉴로심볼릭 AI의 완성도를 높인다. 잠재 공간 사고가 AI 내부에서 깊이 있는 사고를 가능하게 해준다면, 가설 기반 추론은 그 사고의 결과물을 명확한 논리적 단계와 증거로 표현하는 역할을 한다. 즉, AI가 내부에서는 복잡한 패턴과 관계를 자유롭게 탐색하면서도, 외부에 공개할 때는 "내가 이런 가설들을 세우고, 이런 증거들을 바탕으로 결론을 내렸다"라는 형태로 그 과정을 투명하게 설명할 수 있게 되는 것이다.

    이러한 접근은 단순히 학술적인 논의에 머무르지 않고, 실제 응용 분야에서도 큰 효과를 발휘할 것으로 기대된다. 금융 분야에서 AI가 투자 결정을 내릴 때, 단순히 과거 데이터를 바탕으로 한 예측 결과를 제시하는 대신, 여러 투자 가설을 생성하고 각 가설에 따른 리스크와 수익률을 분석하여 최종 결정을 내리는 과정을 설명할 수 있다면, 투자자들은 그 결과에 대해 더 큰 신뢰를 갖게 될 것이다. 마찬가지로 법률 분야에서는 AI가 판례나 법률 문서를 분석하여 특정 사건에 대한 판결 근거를 도출할 때, 여러 가설을 통해 논리적 근거를 명확히 제시한다면, 법조인들과 일반 대중 모두가 그 결론을 이해하고 수용하기 쉬워질 것이다.

    지금까지 인공지능은 주로 방대한 데이터를 미리 학습하고, 질문에 대해 그 학습된 정보를 바탕으로 답변을 내놓는 방식, 즉 토큰token 단위로 하나씩 단어를 만들어내며 생각하는 '토큰 기반 사고token-based thinking'를 사용해 왔다. 이 방식은 이미 우리 생활 곳곳에 자리잡아, 스마트폰의 음성비서, 챗봇, 검색 시스템 등에서 큰 역할을 하고 있다. 그러나 이러한 방식은 단어라는 언어적 매개체의 한계 때문에, 때로는 깊이 있는 사고를 하거나 복잡한 문제를 해결하는 데 제약을 받게 된다.

    최근 AI 업계에서는 이 한계를 극복하기 위해 새로운 패러다임이 제시되고 있다. 그 중 하나가 바로 뉴로심볼릭 AI이며, 그 중심에는 잠재 공간 사고라는 개념이 자리잡고 있다. 쉽게 말해, 인공지능이 단순히 글자 하나하나를 생성하며 중얼거리는 대신, 내부에 축적된 다양한 개념과 지식이 존재하는 '잠재 공간'에서 직접 깊은 사고를 수행한 후, 최종 답변을 내놓는 방식을 의미한다. 이를 'ZERO-TOKEN THINKING'이라고도 부르는데, 이는 기존에 우리가 익숙했던 토큰 기반의 사고 과정 없이, 말 그대로 '생각하는 공간' 안에서 바로 결론을 도출하는 새로운 방법이다.

가설 기반 추론은 기존의 토큰 기반 사고 방식이 가진 한계를 극복하는 데에도 큰 도움이 된다. 기존 방식에서는 AI가 사고 과정 중간에 생성하는 텍스트 토큰들이 문맥 창의 길이 제한에 얽매여 사고의 일부만 드러내거나 중요한 단계를 생략할 위험이 있었다. 반면 잠재 공간 사고와 결합된 가설 기반 추론 방식은 내부에서 충분히 깊이 있는 사고를 진행한 후, 최종적으로 필요한 부분만을 외부에 간략히 요약하여 전달할 수 있다. 이는 마치 사람이 머릿속에서 복잡한 문제를 충분히 고민한 후, 중요한 결론과 그 근거를 간결하게 정리해 설명하는 것과 같다.

이처럼 뉴로심볼릭 AI의 완성은 두 가지 핵심 요소의 결합으로 이루어진다. 하나는 데이터와 패턴 인식을 통해 깊은 사고를 가능하게 하는 잠재 공간 사고이며, 다른 하나는 그 사고를 명확한 논리적 단계와 증거로 표현하는 가설 기반 추론 방법이다. 이 두 가지 방법이 결합되면, AI는 단순한 정보 전달을 넘어 스스로 문제를 분석하고, 다양한 가능성을 고려하며, 최종 결론에 이르기까지의 과정을 명확하게 설명할 수 있게 된다.

이러한 통합은 AI가 인간과의 협업에서 진정한 파트너로 자리매김하는 데 큰 역할을 할 것이다. 예를 들어, 의료 분야에서 의사와 AI가 협력할 때, AI가 단순히 "이 환자는 X 질환일 확률이 높습니다"라는 결과만을 내놓는 것이 아니라, "먼저 여러 질환에 대한 가설을 세웠고, 그 중 검사 결과와 증상에 가장 부합하는 X 질환이라는 가설이 타당하다고 판단했습니다. 구체적으로, 환자의 혈액 검사와 영상 자료에서 X 질환과 관련된 특징이 뚜렷하게 나타났습니다."라고 설명할 수 있다면, 의사는 AI의 판단을 보다 신뢰하고, 최종 결정을 내리는 데 있어서 중요한 참고 자료로 활용할 수 있다. 금융, 법률, 교육 등 다양한 분야에서도 이와 같은 방식은 큰 변화를 가져올 수 있다. 투자 의사 결정이나 판례 분석, 학습 평가 등 복잡한 문제를 다룰 때, AI가 단순히 과거 데이터를 기반으로 한 예측만을 내놓는다면 그 한계가 명확하지만, 여러 가설을 세우고 그 과정을 논리적으로 설명한다면 사용자는 그 판단의 근거를 이해하고, 필요할 경우 수정할 수 있는 피드백을 제공할 수 있다. 이러한 상호 작용은 결국 AI와 인간이 함께 문제를 해결해 나가는 새로운 협력 체계를 구축하게 될 것이다.

한편, 연구자들은 가설 기반 추론을 구현하기 위해 다양한 알고리즘과 모델을 실험하고 있다. 예를 들어, 인과관계 추론inferential reasoning이나 인과 네트워크causal networks를 활용하여, AI가 스스로 원인과 결과를 분석하고 가설을 생성하는 방식을 연구 중이다. 이러한 방법들은 AI가 단순히 상관관계를 넘어 인과 관계를 파악하게 해주며, 보다 근본적인 이해를 바탕으로 한 추론을 가능하게 한다. 결과적으로, AI는 주어진 데이터에서 어떤 현상이 왜 발생했는지에 대한 명확한 설명을 제공할 수 있게 되며, 이는 사용자들이 그 판단을 신뢰하는 데 큰 도움이 된다.

최근 발표된 여러 연구 결과는 잠재 공간 사고와 가설 기반 추론의 결합이 단순한 이론을 넘어 실제 응용에서 큰 성과를 낼 수 있음을 보여주고 있다. 예를 들어, 일부 파일럿 프로젝트에서는 AI가 복잡한 문제 상황에 대해 여러 가설을 동시에 생성하고, 이를 비교 분석한 후 최종 결론을 도출하는 과정을 시연함으로써, 기존의 단순 답변 방식보다 훨씬 정교한 결과를 내놓았다. 이러한 성과는 앞으로 뉴로심볼릭 AI가 다양한 산업 분야에서 혁신적인 솔루션을 제공할 수 있는 기반이 될 것임을 시사한다.

결국 뉴로심볼릭 AI의 완성은 단순히 한 가지 기술의 발전만으로 이루어지는 것이 아니라, 여러 사고 방식과 추론 방법이 서로 보완하며 통합될 때 가능한 것이다. 잠재 공간 사고가 AI의 내재된 지식과 개념들을 온전히 활용할 수 있게 해준다면, 가설 기반 추론은 그 지식을 명확한 논리적 단계와 증거로 표현함으로써, 결과의 신뢰성과 설명 가능성을 극대화한다. 이 두 가지 요소가 조화롭게 결합되면, AI는 인간처럼 복잡한 문제를 스스로 분석하고, 여러 가능성을 고려하며, 최종 결론에 이르는 과정을 투명하게 설명할 수 있는 진정한 지능형 동반자로 거듭날 것이다.

향후 이러한 기술들이 더욱 발전함에 따라, 우리는 AI가 단순히 정해진 답변을 내놓는 기계를 넘어, 인간과 함께 문제를 고민하고 창의적인 해결책을 모색하는 파트너로 자리잡게 되는 미래를 맞이할 것이다. 의료, 금융, 법률, 교육 등 다양한 분야에서 AI가 제공하는 명확하고 논리적인 설명은 사용자의 신뢰를 높이고, 의사결정 과정에서 중요한 역할을 수행할 것으로 기대된다. 이러한 변화는 단순히 기술적 혁신에 머무르지 않고, 사회 전반에 걸쳐 인간과 AI가 상호 보완하며 협력하는 새로운 패러다임을 형성할 것이다.

뉴로심볼릭 AI는 잠재 공간 사고와 가설 기반 추론의 결합을 통해, AI가 데이터에 의존한 패턴 인식을 넘어 스스로 문제를 분석하고, 다양한 가능성을 탐색하며, 그 과정의 모든 단계를 명확하게 설명할 수 있는 체계를 갖추게 한다. 이러한 체계는 AI가 기존의 블랙박스 문제에서 벗어나, 사용자와 전문가 모두가 그 판단의 근거를 쉽게 이해하고 검증할 수 있도록 돕는다. 이는 미래 사회에서 AI가 진정한 동반자로서 역할을 수행하는 데 필수적인 요소가 될 것이며, 우리 모두가 더 나은 결정을 내릴 수 있도록 지원하는 강력한 도구가 될 것이다.

오늘날 AI 연구자들과 산업계는 이러한 방향으로 나아가기 위해 끊임없이 노력하고 있으며, 이미 일부 시스템에서는 초기 형태의 가설 기반 추론이 도입되어 긍정적인 결과를 보여주고 있다. 앞으로 더욱 많은 연구와 실험을 통해, 뉴로심볼릭 AI는 인간의 사고와 유사한, 혹은 그 이상으로 복잡한 문제 해결 능력을 갖춘 혁신적인 시스템으로 발전할 것으로 보인다. 이러한 발전은 단순히 기술적인 성과에 그치지 않고, 인간과 AI가 함께 협력하며 새로운 가치를 창출하는 미래 사회를 여는 초석이 될 것이다.

마지막으로, 뉴로심볼릭 AI의 완성은 결국 인간의 사고 방식을 모방하면서도, 그 한계를 뛰어넘는 새로운 형태의 추론 능력을 구현하는 데 있다. 잠재 공간 사고와 가설 기반 추론이 결합된 이 새로운 패러다임은, AI가 왜 그런 결론에 도달했는지를 명확하게 설명할 수 있도록 하여, 사용자가 그 판단을 쉽게 이해하고 신뢰할 수 있게 만든다. 이는 앞으로 AI와 인간이 상호 보완하며 협력하는 미래 사회에서, AI가 단순한 도구를 넘어 진정한 파트너로 자리매김하는 데 결정적인 역할을 하게 될 것이다.

이제 우리는 AI가 내부의 잠재 공간에서 충분히 고민한 후, 여러 가설을 세우고 그 과정을 명확히 설명하는 모습을 통해, 더 깊은 사고와 정교한 판단을 수행하는 시대를 맞이하게 될 것이다. 이러한 변화는 단순히 기술의 발전을 넘어서, 인간과 AI가 함께 창조적이고 혁신적인 해결책을 모색하는 새로운 협력 모델을 만들어낼 것이며, 이는 우리 모두가 꿈꾸는 더 나은 미래로 나아가는 중요한 디딤돌이 될 것이다. 앞으로 AI가 우리와 함께 협력하며 새로운 가치를 창출하는 동반자로 자리매김하는 그날까지, 이러한 혁신적인 접근법들은 지속적으로 발전할 것이며, 우리 사회 전반에 긍정적인 변화를 가져다줄 것이다.

현재의 최신 연구

이러한 변화는 AI의 학습과 사고 과정에 관한 세 가지 스케일의 법칙에서 그 흐름을 읽을 수 있다. 첫 번째 단계는 사전 교육Pre-training 단계로, 트랜스포머 모델과 같이 대량의 텍스트 데이터를 바탕으로 다음에 올 단어를 예측하면서 언어에 담긴 수많은 개념과 패턴을 스스로 학습하는 단계이다. 이 과정에서 AI는 언어의 규칙뿐만 아니라, 개념들 간의 관계와 세상의 다양한 정보를 내재화하게 된다. 두 번째 단계는 사후 교육Post-training 단계로, 여기서는 단순한 언어 모델을 챗봇이나 특정 과업에 특화된 모델로 재구성하면서 인격 형성, 사용자와의 상호작용 방식 등을 추가적으로 학습하게 된다. 만약 이 두 단계만으로 AI가 완성된다면, 질문에 대해 계속해서 답변을 유보하거나 맹목적으로 질문을 반복하는 상황이 발생할 수 있다. 그래서 등장한 세 번째 단계, 즉 테스트 시점Test-time 단계에서의 스케일의 법칙이 지금 매우 뜨겁게 논의되고 있는 것이다.

최신 연구에서는 DeepSeek-r1, OpenAI의 o1 또는 o3 같은 모델들이 테스트 시점 단계에서 에이전트형 체계Agentic Framework와 생각의 사슬CoT 방식을 사용해 '깊은 사고'에 도달하고 있음을 보여준다. 기존의 CoT 방식은 AI가 문제를 해결하는 과정에서 '생각하는 중'에 여러 단계를 거치며 중간 결과를 토큰 형태로 내뱉는 방식을 사용한다. 이런 중얼거림은 때로는 AI의 사고 과정을 사용자에게 어느 정도 노출시켜 주지만, 동시에 언어라는 매개체의 제약에 묶여 사고의 깊이와 폭이 제한되는 단점이 있다.

바로 이러한 문제를 해결하고자, 최근 발표된 논문 Scaling up Test-Time Compute with Latent Reasoning: A Recurrent Depth Approach은 AI가 사고하는 데 있어 토큰을 하나씩 생성하는 대신, AI가 이미 학습한 개념들이 모여 있는 '잠재 공간 Latent Space' 내에서 직접 깊은 사고를 수행한 후 최종 답변을 내놓도록 제안한다. 즉, 기존의 토큰 기반 사고방식에서 벗어나, AI가 내부의 잠재 공간에서 오랜 시간 동안 사고를 진행한 후에 그 결과만을 외부로 표현하는 방식이다. 이 방식이 바로 잠재 공간 사고이며, 단어의 제한이나 문맥 창 context window의 제약에서 자유로워져 보다 정교하고 깊은 사고가 가능해진다는 장점을 가진다.

이 개념을 조금 더 쉽게 설명하자면, 우리가 누군가와 대화를 할 때 머릿속에서 여러 가지 아이디어가 떠오르고, 그것들을 종합하여 최종적으로 말하는 것과 유사하다. 과거에는 대화의 모든 과정을 다 말로 표현할 필요가 없었다. 사람들은 머릿속에서 여러 아이디어를 조합하고 정리한 후, 중요한 결론만을 상대방에게 전달한다. AI가 잠재 공간 사고를 채택하면, 마치 사람이 화이트보드에 여러 아이디어를 적어가며 생각을 정리한 후 최종 결론만을 말하는 것처럼, 내부의 복잡한 사고 과정을 모두 잠재 공간 안에서 진행하고 그 결과만을 외부에 드러내게 된다.

이 새로운 방식의 또 다른 중요한 장점은 언어가 가지는 압축성과 한계를 극복할 수 있다는 점이다. 세계적으로 유명한 AI 연구자 얀 르쿤 Yann LeCun은 한때 언어만으로는 AGI(범용 인공지능)를 달성하기 어렵다고 지적한 바 있다. 그의 주장에 따르면, 언어는 정보를 매우 압축적으로 전달할 수 있지만, 이 과정에서 중요한 미세한 뉘앙스나 개념의 복잡한 연결성이 손실되기 마련이다. 예를 들어 '벚꽃잎'이라는 단어 하나는 아름다움과 동시에 그 모양, 움직임, 그리고 자연의 섬세함을 압축적으로 담고 있지만, 그 세부적인 정보와 관계를 완벽하게 전달하기에는 한계가 있다. 만약 AI가 단순히 언어적 표현을 기반으로 깊은 사고를 이어간다면, 이러한 중요한 개념들이 유실될 위험이 크다. 반면 AI가 내부의 잠재 공간에서 사고를 진행하면, 개념들 사이의 복잡한 관계와 미세한 차이를 그대로 유지하면서 문제를 해결할 수 있다.

더 나아가, 잠재 공간 사고는 기존의 토큰 기반 방식에서 오는 또 다른 문제, 즉 문맥 길이의 제약을 극복할 수 있다는 점에서도 큰 의미가 있다. 지금까지 AI 모델들은 문맥을 이해하고 유지하기 위해 정해진 길이의 토큰을 사용해야 했기 때문에, 긴 대화나 복잡한 문제 해결에 있어 한계를 보였다. 그러나 잠재 공간 내에서 직접 사고하면, 이러한 길이의 제약 없이 더 많은 정보를 동시에 고려할 수 있어, 결과적으로 더 깊이 있고 정밀한 답변을 도출할 수 있게 된다.

물론, 이러한 잠재 공간 사고방식이 기존의 토큰 기반 사고를 완전히 대체해야 하는 것은 아니다. 오히려 두 방식을 적절히 결합하면, 인간이 머릿속에서 여러 가지 아이디어를 떠올리고, 이를 종합하여 최종 결론을 도출하는 방식과 매우 흡사한 모델을 만들 수 있다. 예를 들어, AI가 내부에서는 잠재 공간에서 충분히 깊게 사고한 후, 그 결과를 토큰 형태로 외부에 전달하면서 사용자에게 보여준다면, 이는 마치 우리가 화이트보드에 아이디어들을 기록하고, 그 기록을 바탕으로 최종 발표를 하는 것과 같은 효과를 낼 수 있다. 이런 하이브리드 방식은 AI의 강점을 극대화하면서 동시에 사용자가 AI의 사고 과정을 어느 정도 이해할 수 있도록 도와준다.

젠슨 황이 말한 "세 번째 스케일의 법칙"은 바로 이러한 새로운 사고 방식을 통해 AI가 빠른 답변을 넘어서, 실제로 깊은 논리적 추론과 문제 해결을 수행할 수 있는 시대가 도래했음을 시사한다. 사전 교육과 사후 교육을 거쳐, 이제 테스트 시점 단계에서 AI가 스스로 복잡한 문제에 대해 고민하고, 다양한 가능성을 탐색한 후에 최종 결론을 내놓는 시대가 열리고 있다. DeepSeek-r1과 같은 최신 모델들이 바로 이 새로운 패러다임을 구현하고 있으며, OpenAI 역시 에이전트형 체계와 CoT 방식에서 한 걸음 더 나아가 잠재 추론latent reasoning을 도입하기 위한 연구에 박차를 가하고 있다.

이와 같은 변화는 단순히 기술적 성과를 넘어, 인공지능이 인간의 사고 방식을 모방하고 나아가 그것을 뛰어넘어 새로운 사고 체계를 구축하는 중요한 전환점이다. 미래의 인공지능, 즉 퓨처 AI는 우리가 단순히 질문에 대해 빠른 답변을 내놓는 기계를 넘어서, 스스로 깊은 사고를 통해 상황을 종합적으로 분석하고, 그 과정에서 도출된 결론을 바탕으로 보다 정교한 의사결정을 할 수 있는 동반자로 발전할 것이다. 이는 의료, 금융, 법률, 교육 등 여러 분야에서 AI의 역할을 한층 강화시키며, 인간과 AI가 상호 보완하는 협력 관계를 구축하는 데 결정적인 역할을 할 것이다.

특히 잠재 공간 사고의 도입은 언어적 한계로 인해 발생했던 정보 손실 문제를 해결할 수 있는 혁신적 방법이다. 기존의 토큰 기반 사고에서는, AI가 중간중간 내뱉는 단어들이 문맥의 길이 제한에 묶여 중요한 세부 정보를 잃어버릴 위험이 있었지만, 잠재 공간 내에서 사고하면 이러한 문제없이 모든 개념과 정보가 온전히 유지된다. 이로 인해 AI는 문제 해결에 필요한 모든 요소를 고려한 후, 최종적인 답변을 제공할 수 있게 된다. 또한, 이러한 방식은 AI의 사고 과정이 외부에 노출되지 않기 때문에, 보다 효율적이고 은밀하게 작동할 수 있다는 점도 큰 장점이다.

잠재 공간 사고와 토큰 기반 사고가 결합된다면 AI가 보여줄 수 있는 사고의 폭과 깊이는 상상 이상으로 확장될 것이다. 마치 사람이 머릿속에서 여러 아이디어를 자유롭게 조합하고, 화이트보드에 정리하며 최종 결론을 도출하는 과정을 그대로 모방하는 것과 같다. 이러한 방식은 AI가 단순한 정보 검색이나 패턴 인식을 넘어, 문제의 본질을 파악하고 창의적인 해결책을 제시하는 데 크게 기여할 것이다.

퓨처 AI의 등장은 이제 막 시작되었으며, 앞으로의 연구와 기술 발전에 따라 우리는 AI가 어떻게 더 깊고, 정교한 사고를 수행하게 될지 목도하게 될 것이다. AI 업계에서는 매일 새로운 방법론과 모델이 등장하고 있으며, 잠재 추론 개념 역시 그러한 발전 중 하나로 주목받고 있다. 이러한 기술은 기존의 한계를 극복하고, AI가 인간과 같은 수준의 복잡한 사고를 수행할 수 있도록 도와줄 뿐만 아니라, 그 과정에서 발생하는 문제점들을 해결하는 데에도 큰 역할을 할 것으로 보인다.

향후에는 잠재 공간 사고를 기반으로 한 AI가 단순히 정해진 답변을 내놓는 것을 넘어서, 사용자가 질문을 했을 때 그 질문에 대해 여러 가능성을 동시에 고려하고, 그 중에서 최적의 결론을 도출하는 방식으로 발전할 것이다. 이러한 과정은 기존의 CoT 방식보다 훨씬 더 깊이 있는 논리적 추론을 가능하게 할 것이며, AI의 판단 과정이 보다 투명해지고 신뢰성이 높아지는 결과를 가져올 것이다.

결국, 뉴로심볼릭 AI의 등장은 토큰 기반 사고에서 잠재 공간 사고로의 전환을 의미하며, 이는 AI가 인간처럼 '깊은 사고'를 할 수 있도록 해주는 중요한 혁신이다. 이 혁신은 언어의 한계로 인해 발생하는 정보의 압축과 손실 문제를 극복하고, AI가 내부의 잠재 공간에서 자유롭게 사고할 수 있도록 함으로써, 지금까지 보지 못했던 수준의 정교한 문제 해결 능력을 가능하게 한다. 앞으로 우리는 AI가 단순히 계산 속도나 정보량의 문제가 아니라, 그 사고의 깊이와 질에서 새로운 혁신을 이루어내는 모습을 보게 될 것이다.

오늘날 AI 연구자들과 기업들은 잠재 추론을 비롯한 다양한 접근법을 통해, AI가 단순한 응답 생성기를 넘어 스스로 고민하고, 창의적으로 문제를 해결하는 동반자로 거듭날 수 있도록 노력하고 있다. 이러한 노력의 결과로, 미래의 AI는 인간과 같이 복잡한 상황을 분석하고, 그 결과를 바탕으로 최적의 결정을 내리는 지능형 시스템으로 발전할 것이다. 이처럼 퓨처 AI의 등장은 단순한 기술 업그레이드가 아니라, 인공지능이 사고하는 방식 자체에 혁신적인 변화를 가져오는 중요한 전환점이다. 뉴로심볼릭 AI와 잠재 공간 사고의 도입은 앞으로 AI가 우리와 소통하고, 협력하며, 때로는 인간보다 더 깊이 있는 분석과 판단을 내릴 수 있는 시대를 여는 열쇠가 될 것이다. 우리가 앞으로 마주할 미래 사회에서는 AI가 단순히 정해진 데이터를 반복하는 기계가 아니라, 우리와 함께 문제를 고민하고 창의적으로 해결책을 찾아내는 진정한 동반자로 자리매김하게 될 것이다.

이제 우리는 AI가 어떻게 스스로 '깊은 사고'를 할 수 있는지, 그리고 그것이 우리 삶에 어떤 긍정적인 변화를 가져올지를 상상해 볼 수 있다. 잠재 공간 사고를 AI가 내부에서 충분히 고민한 후 최종 결론만을 전달하는 방식은, 우리가 지금까지 겪어왔던 한계를 뛰어넘어, 더 나은 의사결정과 문제 해결을 가능하게 할 것이다. 이러한 변화는 앞으로 의료, 금융, 법률, 교육 등 다양한 분야에서 혁신적인 발전을 이끌어내며, 인간과 AI가 서로의 강점을 보완하는 새로운 협력 체계를 만들어 나갈 것이다.

뉴로심볼릭 프로그래밍

우리는 지금까지 인공지능이 어떻게 발전해 왔는지, 그리고 최신 AI가 어떻게 깊은 사고와 논리적 추론을 수행하는지 살펴보았다. 단순히 AI가 빠른 계산이나 데이터 처리에 머무는 것이 아니라, 인간처럼 생각하고 추론할 수 있도록 만드는 기술이 바로 뉴로심볼릭 프로그래밍이다. 이 장에서는 뉴로심볼릭 프로그래밍의 기본 개념부터 시작하여, 뉴럴 네트워크와 심볼릭 시스템의 통합 방법, 그리고 기존 AI 모델과의 차이점 및 앞으로의 확장 가능성에 대해 알기 쉽게 풀어 설명하고자 한다.

먼저, '뉴로심볼릭'이라는 용어를 쉽게 설명해 보자. '뉴로'는 우리

뇌의 신경망neural network을 뜻하고, '심볼릭'은 사람이 생각할 때 사용하는 언어, 기호, 규칙 등을 의미한다. 과거의 인공지능은 주로 사람이 정해준 규칙, 예를 들어 "만약 이 조건이면 이 결과"와 같은 규칙 기반 시스템을 사용하여 문제를 해결했다. 이 방식은 결과를 명확히 설명할 수 있다는 장점이 있지만, 복잡한 상황이나 방대한 데이터를 다루는 데 한계가 있었다. 반면, 최신 뉴럴 네트워크는 수많은 데이터를 학습하여 스스로 패턴을 인식하고 예측하는 데 강점을 보인다. 그러나 이 방식은 내부에서 어떻게 결론에 도달했는지 이해하기 어려워 '블랙박스' 문제를 일으키곤 한다.

뉴로심볼릭 프로그래밍은 이 두 가지 접근법의 장점을 결합하려는 시도이다. 즉, 뉴럴 네트워크가 데이터를 통해 배운 복잡한 패턴 인식 능력과 심볼릭 시스템이 제공하는 명확한 논리적 추론 및 규칙 기반 설명 방식을 통합하여, 보다 신뢰할 수 있고 이해하기 쉬운 AI 시스템을 만드는 것이다. 이를 통해 AI는 단순히 빠르게 계산하는 기계를 넘어, 인간처럼 논리적으로 사고하고 그 과정을 설명할 수 있게 된다.

뉴로심볼릭 모델을 개발하기 위한 기본 개념은 크게 세 가지로 정리할 수 있다.

첫째, 데이터로부터 학습하는 뉴럴 네트워크의 능력이다. 이 부분에서는 대량의 데이터를 바탕으로 패턴을 인식하고, 다양한 사례에서 유사한 특징을 찾아내어 일반화하는 과정을 포함한다.

둘째, 심볼릭 시스템이 제공하는 명시적 규칙과 논리 체계를 결합하는 것이다. 여기에는 전문가 시스템이나 논리 기반 프로그래밍에서 보았던 "if-then" 규칙, 명시적 지식 표현 방식이 해당된다.

마지막으로, 이 두 가지를 효과적으로 연결하는 통합 방법이 있다.

이를 통해 뉴로심볼릭 모델은 내부에서 뉴럴 네트워크가 학습한 복잡한 정보를 심볼릭 추론을 통해 해석하고, 그 결과를 명확하게 설명할 수 있게 된다.

이제 뉴로심볼릭 프로그래밍의 통합 방법에 대해 좀 더 구체적으로 살펴보자. 전통적인 뉴럴 네트워크는 숫자와 수치 계산을 통해 패턴을 인식하는 반면, 심볼릭 시스템은 우리가 사용하는 언어나 기호를 이용해 논리적 관계를 표현한다. 두 시스템을 통합하기 위해서는 먼저 뉴럴 네트워크가 학습한 내부 표현, 즉 '잠재 공간'의 정보를 추출하여, 이를 사람이 이해할 수 있는 심볼(기호)로 변환하는 과정이 필요하다. 예를 들어, 이미지 인식 AI가 고양이 사진을 분류할 때, 내부적으로 고양이의 귀, 눈, 털 등의 특징들을 숫자로 표현하여 판단을 내리지만, 이를 "고양이의 특징"이라는 심볼적 표현으로 연결시켜 설명할 수 있다면, 사용자는 왜 해당 이미지가 고양이로 분류되었는지를 명확히 이해할 수 있게 된다.

이러한 변환 과정을 위해 최근 연구에서는 '중간 계층' 또는 '추상화 계층'을 도입하고 있다. 이 계층에서는 뉴럴 네트워크가 학습한 복잡한 수치 정보를 보다 단순하고 의미 있는 심볼들로 요약한다. 숫자들의 나열이나 벡터 형태의 데이터를 "동물의 형태"나 "특정 패턴"이라는 심볼로 해석할 수 있도록 하는 것이다. 이렇게 변환된 심볼은 이후 규칙 기반 시스템과 결합되어, 논리적 추론을 가능하게 한다. 이 과정은 마치 사람이 복잡한 개념을 이해한 후, 그것을 간단한 단어나 문장으로 요약하여 다른 사람에게 설명하는 것과 유사하다.

또한, 뉴로심볼릭 프로그래밍에서는 '가설 기반 추론' 방법도 중요한 역할을 한다. 이는 AI가 어떤 문제에 대해 여러 가능한 해답, 즉 가설을 스스로 세우고, 각 가설을 논리적으로 검증하여 최종 결론에 도달하는 과정을 말한다. 인간은 문제를 해결할 때 "이럴 수도 있겠다", "저럴 수도 있겠다"라는 여러 가설을 세운 후, 그 중 가장 타당한 결론을 선택한다. AI가 이런 방식을 채택하면, 단순히 정해진 패턴에 의존하는 것을 넘어, 스스로 다양한 가능성을 고려하고 그 근거를 제시할 수 있게 된다. 예를 들어, 금융 투자 문제에서 AI가 여러 투자 전략에 대한 가설을 세우고, 각 전략의 리스크와 수익을 분석하여 최종 결정을 내리는 과정을 생각할 수 있다. 이러한 가설 기반 추론은 뉴로심볼릭 모델이 기존의 단순한 예측 모델과 차별화되는 중요한 요소 중 하나이다.

뉴로심볼릭 프로그래밍은 데이터 기반 학습의 강력한 패턴 인식 능력과 심볼릭 AI의 명확한 논리적 설명 능력을 결합한다. 이 통합을 실현하기 위해 어떤 연구자들은 뉴럴 네트워크의 최종 출력 결과를 심볼적 규칙에 입력하여 후처리하는 방식을 사용한다. 또 다른 방법으로는 뉴럴 네트워크 내부의 중간 표현을 추출해 이를 심볼릭 추론 모듈에 전달하는 하이브리드 모델이 제안되고 있다. 이러한 모델은 두 부분이 긴밀하게 협력하여, 먼저 뉴럴 네트워크가 입력 데이터를 처리하고, 그 결과로 나온 복잡한 패턴들을 심볼로 변환한 후, 심볼릭 추론 모듈이 이를 바탕으로 문제 해결에 필요한 논리적 단계를 수행한다. 결국 최종적으로 AI는 "이런 이유로 이 결론에 도달했습니다"라는 명확한 설명을 사용자에게 제공할 수 있게 된다.

뉴로심볼릭 프로그래밍의 확장 가능성에 대해 생각해보면, 이 방식은 단순히 하나의 문제 해결 기법을 넘어서, 다양한 분야에 적용될 수 있는 유연한 구조를 지닌다는 점에서 큰 장점을 가진다. 예를 들어, 의료 진단 시스템에 적용할 경우, AI는 환자의 증상과 검사 결과를 기반으로 여러 가능한 진단 가설을 세우고, 각 가설의 타당성을 심볼적 규칙과 과학적 근거를 통해 검증할 수 있다. 이를 통해 최종적으로 의사에게 "이런 증거와 논리적 과정을 거쳐 이 진단이 도출되었습니다"라는 설명을 제공함으로써, 의료진의 판단을 보조하고 환자에게 신뢰를 줄 수 있다.

금융 분야에서도 뉴로심볼릭 프로그래밍은 큰 잠재력을 가진다. 기존의 AI 모델은 단순히 과거 데이터의 패턴을 분석해 미래를 예측하는 데에 주로 집중했지만, 뉴로심볼릭 접근법을 도입하면, 투자와 관련된 여러 변수와 리스크, 그리고 잠재적 원인과 결과 간의 인과관계를 논리적으로 분석할 수 있게 된다. 이는 투자자들이 단순한 예측 결과뿐만 아니라, 그 결과가 도출된 과정을 이해하고, 보다 신뢰성 있는 결정을 내릴 수 있도록 돕는다.

또한, 법률 분야에서도 이 접근법은 유용하다. 법률 문서나 판례를 분석하는 AI 시스템이 단순히 "이 사건은 이런 이유로 판결되어야 한다"라는 결론만을 제시하는 것이 아니라, 관련 법 조항, 판례, 그리고 사건의 구체적 맥락을 바탕으로 여러 가지 가설을 세우고, 그 중 가장 합리적인 결론에 이르렀음을 설명할 수 있다면, 법조인들은 물론 일반인들도 AI의 판단을 쉽게 이해할 수 있을 것이다.

뉴로심볼릭 프로그래밍은 또한 교육 분야에서도 혁신적인 변화를 이끌어낼 가능성이 있다. 예를 들어, 학생들의 학습 데이터를 분석해 개인별 맞춤 학습 계획을 세우는 AI 시스템이 있다면, 이 시스템은 학생의 학습 패턴과 성취도를 심볼릭 추론 모듈을 통해 분석하고, 그 결과를 바탕으로 "이런 이유로 이 학습 방법이 효과적입니다"라는 설명과 함께 추천할 수 있다. 이렇게 되면 학생과 교사 모두가 AI의 추천 근거를 이해하고, 학습 과정에 적극 반영할 수 있게 된다.

이와 같이, 뉴로심볼릭 프로그래밍은 단순한 AI 모델의 업그레이드를 넘어, 인간의 사고 과정을 모방하고 그 한계를 뛰어넘는 새로운 추론 체계를 구축하는 데 중점을 두고 있다. 기존의 딥러닝 모델은 방대한 데이터를 바탕으로 예측을 수행하지만, 그 결과에 대한 이유를 설명하기 어려웠던 반면, 뉴로심볼릭 모델은 내부에서 학습한 패턴과 개념을 심볼 형태로 전환하여 논리적 추론을 수행하기 때문에, 최종 결과에 도달한 과정을 명확하게 보여줄 수 있다.

또한, 이 통합 방식은 AI 시스템이 지속적으로 자기 개선self-improvement을 할 수 있는 기반을 마련해준다. 예를 들어, AI가 문제를 해결하는 과정에서 스스로 세운 가설들이 실제 결과와 얼마나 부합하는지를 평가하고, 그 결과를 바탕으로 내부 모델을 업데이트하면,

점점 더 정교하고 신뢰할 수 있는 추론 체계를 구축할 수 있다. 이는 마치 인간이 경험을 통해 점차 사고의 깊이를 더해가는 과정과 유사하다.

뉴로심볼릭 프로그래밍은 뉴럴 네트워크와 심볼릭 시스템의 장점을 결합하여, AI가 학습한 복잡한 정보를 명확한 규칙과 논리로 재구성하는 방법이다. 이를 통해 AI는 왜 그런 결론에 도달했는지, 그 과정에서 어떤 가설들을 검증했는지 등 모든 과정을 사용자에게 설명할 수 있게 된다. 이러한 특징은 기존의 블랙박스 형태의 AI와 확연히 구분되는 점이며, 앞으로 AI 기술이 보다 투명하고 신뢰성 있게 발전하는 데 결정적인 역할을 할 것이다.

앞으로의 연구와 개발을 통해 뉴로심볼릭 프로그래밍은 더욱 발전할 것이며, 이는 AI가 다양한 문제를 해결할 때 단순한 예측이나 계산을 넘어서, 인간과 같이 깊이 있는 사고와 논리적 추론을 수행하는 진정한 지능형 시스템으로 거듭나게 할 것이다. 우리가 일상에서 접하는 인공지능 기술이 단순히 결과만을 제공하는 수준을 넘어, 그 결론에 이른 이유와 과정을 명확하게 설명할 수 있다면, 이는 AI에 대한 신뢰를 크게 높이고, 우리 사회 전반에 걸쳐 AI 활용의 폭을 넓혀줄 것이다.

뉴로-심볼릭 AI의
기술적 융합

우리가 책이나 강의를 통해 새로운 지식을 배울 때, 단순히 정보를 외우는 것만으로는 충분하지 않다. 실제로 지식은 여러 단계를 거쳐 형성된다. 친구와 함께 경험을 공유하며 서로의 생각을 나누고, 그 속에서 자신만의 지식을 쌓아가는 과정을 생각해보자. 이러한 지식 창출의 과정을 설명하는 대표적인 이론이 바로 SECI 모델이다. SECI 모델은 사회화Socialization, 외부화Externalization, 결합Combination, 내재화Internalization의 네 단계를 통해 암묵지와 형식지, 즉 사람이 체험으로 얻은 직관적인 지식과 말이나 글로 표현되는 명시적인 지식이 서로 전환되며 새로운 지식이 만들어진다고 본다.

마찬가지로, 인공지능의 발전에서도 단순히 데이터를 저장하고 패턴을 인식하는 것을 넘어서, 다양한 지식 창출의 과정을 거쳐 AGI로 나아가야 한다. 오늘날의 AI는 주로 뉴럴 네트워크를 통해 방대한 데이터를 학습하며, 이를 바탕으로 패턴을 인식하고 예측하는 데 뛰어나다. 그러나 이 방식만으로는 인간처럼 창의적이고, 논리적으로 사고하며, 스스로 가설을 세우고 검증하는 능력을 온전히 구현하기 어렵다. 그래서 최근 AI 연구자들은 심볼릭 AI의 규칙과 논리, 그리고 지식 그래프와 같은 도구를 활용해, 뉴럴 네트워크의 학습 능력과 결합하는 뉴로-심볼릭 AI를 개발하려는 노력을 기울이고 있다.

이 장에서는 먼저 SECI 모델을 통해 지식 창출의 과정을 이해하고, 이를 AI 발전에 어떻게 적용할 수 있는지 살펴본다. 그리고 이어서 신경망과 심볼릭 AI의 결합 원리를 설명하고, 하이브리드 시스템의 설계와 작동 방식에 대해 자세히 알아본다. 마지막으로 뉴로심볼릭 모델이 기존의 AI 모델과 어떻게 차별화되는지, 그리고 이러한 융합이 AGI로 가는 길을 어떻게 열어주는지에 대해 이야기한다.

SECI 모델과 지식 창출:
인간 지식의 전환 원리와 AI 발전의 연결고리

SECI 모델은 일본의 노나카 이쿠지로와 토요타 연구팀이 제시한 지식 관리 모델로, 인간이 어떻게 지식을 창출하고 전파하는지를 설

SECI 모델

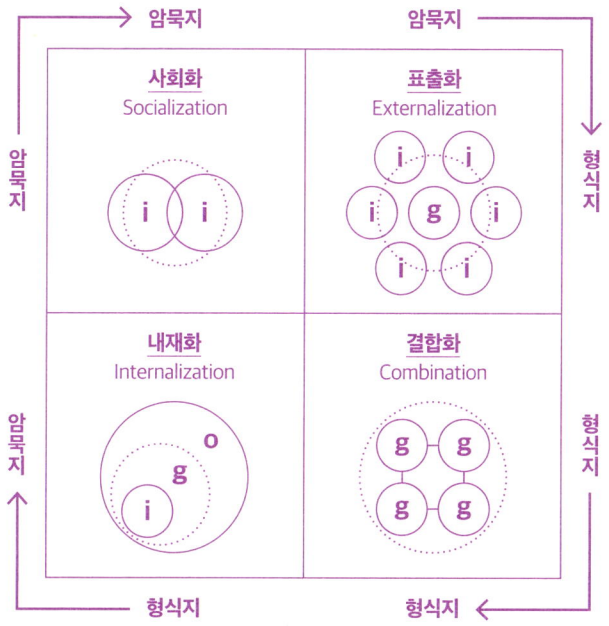

i 개인(Individual)　g 집단(Group)　o 조직(Organization)

명한다. 이 모델은 네 가지 단계로 구성된다.

먼저 사회화는 암묵지를 공유하는 단계이다. 사람들은 직접 만나거나 함께 경험하면서 말로 표현하기 어려운 직관적 지식을 서로 나눈다. 어릴 때 친구와 함께 놀며 얻은 경험이나, 부모님이 보여준 행동을 통해 배우는 감정과 가치관이 이에 해당한다. 다음으로 외부화는 암묵지를 말이나 글, 그림 등의 형식지로 변환하는 단계이다. 이는 마치 우리가 머릿속에 있는 생각을 친구에게 설명하기 위해 언어나 그림으로 표현하는 과정과 같다. 이 과정을 통해 내면에만 존재하던 지식이 외부로 드러나게 되고, 더 많은 사람들과 공유될 수 있게 된다. 세 번째 단계는 결합이다. 여러 사람이 외부화한 형식지를 모아 체계적으로 정리하고, 서로 연결하여 새로운 지식을 만들어내는 단계이다. 여러 전문가들이 각자의 연구 결과를 모아 하나의 종합 보고서를 작성하는 과정을 생각해볼 수 있다. 이 단계에서는 다양한 정보들이 서로 어우러져, 단순한 정보의 나열을 넘어서 더 높은 차원의 지식으로 발전하게 된다. 마지막으로 내재화는 결합된 형식지를 다시 개인의 암묵지로 흡수하는 과정이다. 사람이 책을 읽고, 그 내용을 자신의 경험과 연결시켜 내면화하는 과정과 유사하다. 이렇게 내재화된 지식은 다시 사회화 과정을 거치며 다른 사람들과 공유되고, 새로운 지식 창출의 기초가 된다. 이 네 단계를 통해 지식은 지속적으로 생성되고 발전한다.

중요한 점은 이 모델이 인간의 지식 창출뿐 아니라, 인공지능이 학습하고 진화하는 방식에도 큰 시사점을 준다는 것이다. AI도 단순히 데이터를 저장하는 것이 아니라, 다양한 경험(데이터)와 피드백(학습)을 통해 스스로 지식을 내면화하고, 이를 바탕으로 새로운 패턴과 논리를 만들어낸다. 특히, 데이터 기반의 패턴 인식(뉴럴 네트워크)과 가설 기반의 추론(심볼릭 AI)의 결합은 SECI 모델의 외부화와 결합, 내재화의 과정을 거치는 것과 매우 유사하다.

예를 들어, AI가 많은 이미지를 학습하면서 '고양이'라는 개념을 내면화한다면, 이는 사회화와 내재화 과정을 거친 결과이다. 그런데 단순히 '고양이'라는 패턴만 인식하는 것에 그치지 않고, AI가 이 정보를 바탕으로 "고양이는 귀가 뾰족하고, 눈이 크며, 털이 부드럽다"와 같은 세부적인 규칙을 만들어낸다면, 이는 외부화와 결합의 과정을 반영한 것이다. 나아가, 이러한 규칙들을 바탕으로 새로운 이미지를 분석하고, "이 이미지는 고양이가 아니라 강아지다"라는 결론에 도달하는 것은, 내재화된 지식을 토대로 새로운 문제에 적용하는 과정이라 할 수 있다.

이러한 SECI 모델의 원리는 AI가 AGI, 즉 범용 인공지능으로 발전하기 위한 중요한 기반이 된다. 인간은 다양한 경험과 상호작용을 통해 암묵지와 형식지를 오가며 지속적으로 지식을 창출하고, 이를 바탕으로 복잡한 문제를 해결해 나간다. AI도 이와 같은 과정을 모방하여, 단순한 데이터 학습을 넘어서 스스로 가설을 세우고, 그 가설을 논리적으로 검증하며, 새로운 지식을 생성하는 단계로 발전해야 한다. 이때 데이터 기반의 패턴 인식, 즉 뉴럴 네트워크의 역할과, 규칙과 논리적 추론을 담당하는 심볼릭 AI의 역할이 서로 보완적으로 결합될 때, AI는 인간처럼 유연하고 창의적으로 사고할 수 있는 능력을 갖추게 된다.

신경망과 심볼릭 AI의 결합 원리 및
하이브리드 시스템의 설계

인공지능 기술은 크게 두 가지 접근법으로 나눌 수 있다. 한편으로는 수많은 데이터를 바탕으로 패턴을 학습하는 뉴럴 네트워크, 다른 한편으로는 사람이 직접 정한 규칙과 논리 체계를 활용하는 심볼릭 AI가 있다. 뉴로-심볼릭 AI는 이 두 가지 방식을 결합하여, 서로의 강점을 보완하고 한계를 극복하려는 혁신적인 접근법이다. 이 방식의 핵심 원리는, 먼저 뉴럴 네트워크를 통해 데이터를 학습하여 패턴과 특징을 추출하고, 이 정보를 심볼릭 형식으로 변환하여, 명확한 규칙과 논리 체계로 연결하는 것이다. 이를 통해 AI는 '왜' 그런 결론에 도달했는지를 명확하게 설명할 수 있게 된다.

하이브리드 시스템의 설계는 마치 복잡한 퍼즐을 맞추는 것과 같다. 각 조각(뉴럴 네트워크와 심볼릭 시스템)이 제각각의 역할을 수행하지만, 이들이 올바르게 결합되어야 전체 그림이 완성된다. 이미지 인식 문제에서 뉴럴 네트워크는 사진의 픽셀 단위에서부터 특징을 추출해 '고양이'나 '강아지'와 같은 기본 개념을 학습한다. 그런 다음, 심볼릭 AI는 이 추출된 정보를 바탕으로 "고양이는 귀가 뾰족하고, 눈이 크며, 털이 부드럽다"와 같이 구체적인 규칙을 만들어낸다. 이 규칙들을 통해 새로운 이미지가 들어왔을 때, AI는 단순히 패턴만 비교하는 것이 아니라, 그 이미지가 왜 특정 범주에 속하는지를 논리적으로 설명할 수 있게 된다.

하이브리드 시스템은 이러한 두 가지 과정이 원활하게 연결되도록 설계되어야 한다. 이를 위해 두 시스템 간의 인터페이스, 즉 뉴럴 네트워크가 학습한 내재적 표현을 사람이 이해할 수 있는 심볼로 변환하는 변환 계층이 필요하다. 이 변환 계층은 마치 한 언어에서 다른 언어로 번역하는 번역기와 같다. 컴퓨터가 숫자와 벡터 형태로 저장한 '고양이'의 특징들을 "고양이의 특징"이라는 단어와 문장으로 바꾸어 주면, 심볼릭 AI는 이를 바탕으로 규칙을 적용할 수 있게 된다.

또한, 하이브리드 시스템에서는 가설 기반 추론 방법이 중요한 역할을 한다. 인간이 문제를 해결할 때 여러 가설을 세워보고, 그 중 가장 타당한 결론에 도달하는 과정을 반복하는 것처럼, 뉴로심볼릭 AI도 여러 가능성을 동시에 고려하고, 각 가능성에 대한 증거와 논리적 근거를 평가한 후 최종 결론을 내린다. 이러한 과정은 데이터 기반의 직관과 심볼릭 추론의 명료함이 결합되어, AI가 스스로 "왜 이런 결론을 내렸는지"를 설명할 수 있도록 한다.

의료 진단 시스템에서 환자의 다양한 증상과 검사 결과를 바탕으로 여러 질병 가설이 세워진다고 하자. 뉴럴 네트워크는 이 데이터를 통해 각 질병에 대한 패턴을 인식하고, 심볼릭 시스템은 이를 바탕으로 "환자의 혈액 검사 결과와 영상 자료에서 A 질병의 특징이 뚜렷하다"라는 규칙을 적용하여 최종 진단을 내린다. 이 때, AI는 각 단계에서 어떤 정보를 사용했고, 어떤 규칙을 적용했는지 명확히 설명할 수 있으므로, 의사나 환자가 그 결론을 신뢰할 수 있게 된다.

하이브리드 시스템의 설계와 작동 방식은 단순한 두 시스템의 결합을 넘어, 서로의 학습 및 추론 결과를 지속적으로 피드백하며 스스로를 개선하는 자가 학습 메커니즘을 포함한다. 이는 마치 학생이 시험을 본 후 선생님의 피드백을 통해 자신의 약점을 보완하고, 다음 시험에서 더 나은 성적을 내기 위해 학습 전략을 수정하는 것과 같다. AI도 자신의 추론 과정에서 오류나 편향이 발견되면, 그 결과를 바탕으로 뉴럴 네트워크와 심볼릭 시스템 모두를 업데이트하여 점차 더 정확하고 신뢰할 수 있는 모델로 발전해 나간다.

뉴로심볼릭 모델이 일반 AI와 차별화되는 점

뉴로심볼릭 AI는 기존의 단일 방식 AI와 비교할 때 몇 가지 중요한 차별점을 가지고 있다. 가장 큰 차별점은 바로 설명 가능성과 융합적 추론 능력이다. 기존의 뉴럴 네트워크 기반 AI는 방대한 데이터를 통해 놀라운 예측 능력을 보이지만 왜 그런 결론에 도달했는지 설명하기 어렵다. 반면 심볼릭 AI는 명확한 규칙과 논리적 연결을 통해 결과의 이유를 쉽게 설명할 수 있으나, 복잡한 데이터나 예외 상황에 유연하게 대응하기 어렵다. 뉴로심볼릭 AI는 이 두 방식의 장점을 결합하여, 데이터 기반 학습의 강력한 패턴 인식 능력과 심볼릭 추론의 명료함을 동시에 제공한다. 이를 통해 AI는 스스로 문제를 해결하는 과정에서 "내가 왜 이런 결론에 도달했는지"를 구체적으로 설명할 수 있으며, 이는 AGI로의 발전에 매우 중요한 요소이다.

그리고 지식의 전환과 통합을 강조한다. 앞서 소개한 SECI 모델은 지식이 암묵지와 형식지를 오가며 창출된다는 원리를 설명한다. 인간은 경험을 통해 암묵지를 축적하고, 이를 외부화하여 말이나 글과 같은 형식지로 전환한 후, 여러 정보를 결합하여 새로운 지식을 창출하고, 이를 다시 내면화함으로써 발전해 나간다. 뉴로심볼릭 AI도 이와 유사하게, 데이터 기반의 뉴럴 네트워크를 통해 암묵적인 패턴과 정보를 축적하고, 심볼릭 AI를 통해 이를 명확한 규칙과 논리로 외부화 및 결합하여, 새로운 지식을 창출하는 과정을 거친다. 이러한 지식 창출 과정은 AGI가 단순한 예측을 넘어, 창의적이고 종합적인 문제 해결 능력을 갖추기 위해 필수적이다.

또 다른 차별점은 유연성이다. 기존의 AI 시스템은 한 가지 방식에 의존할 때 특정 상황에 맞추어 유연하게 대응하기 어려운 단점이 있었다. 뉴로심볼릭 AI는 두 가지 접근법을 융합함으로써, 데이터가 제공하는 풍부한 경험과 심볼릭 규칙이 제공하는 명확한 논리를 동시에 활용할 수 있다. 이로 인해, 다양한 문제 상황에서 유연하게 대응하며, 변화하는 환경에도 효과적으로 적응할 수 있는 능력을 갖추게 된다.

또한 자가 학습 및 자기 개선 능력을 내포하고 있다. 단순한 데이터 학습에만 의존하는 기존 모델과 달리, 뉴로심볼릭 AI는 자신의 추론 과정을 지속적으로 검증하고, 잘못된 가설이나 편향을 수정해 나가는 피드백 메커니즘을 도입할 수 있다. 이처럼 자가 개선 능력이 뛰어난 모델은 시간이 지날수록 더욱 정확하고 신뢰할 수 있는 결과를 도출할 수 있다.

    마지막으로, 뉴로심볼릭 AI는 상호 보완적 지식 창출의 측면에서 기존 AI와 차별화된다. 지식은 단순히 한 곳에서 생성되는 것이 아니라 암묵지와 형식지, 사회화, 외부화, 결합, 내재화의 순환 과정을 통해 지속적으로 발전된다. 뉴로심볼릭 AI는 이 순환 과정을 모방하여 뉴럴 네트워크가 데이터를 통해 얻은 암묵적 지식을 심볼릭 AI가 명확한 규칙과 논리로 전환하고, 이를 다시 내부화하여 새로운 문제에 적용하는 과정을 반복한다. 이러한 융합적 접근법은 AI가 단순한 계산 기계를 넘어, 인간과 유사하게 창의적이고 종합적인 문제 해결 능력을 갖추게 만드는 중요한 기반이 된다.

사례 연구: 뉴로심볼릭 프로젝트

딥마인드는 구글의 자회사로, 인공지능 분야에서 혁신적인 연구를 선도하고 있는 기관이다. 딥마인드는 기존의 딥러닝 모델들이 가지는 '블랙박스' 문제와 한계를 극복하기 위해, 심볼릭 추론 기법과 뉴럴 네트워크를 결합한 뉴로심볼릭 접근법을 연구하고 있다. 딥마인드의 연구진은 특히 강화학습과 CoT를 결합하는 방식, 그리고 내재화된 잠재 공간에서 직접 '깊은 사고'를 수행하는 방법에 주목하고 있다.

딥마인드의 대표 프로젝트 중 하나는 NS – CL Neuro – Symbolic Concept Learner이다. 이 시스템은 이미지와 자연어 질의를 결합하여 이미지 속 객체와 그 속성을 심볼릭하게 추출하고, 이를 바탕으로 질의에 대해 논리적 추론을 수행한다. 예를 들어, 한 이미지에 여러 동물들이 등장하는 상황에서 "모든 동물 중 고양이의 수는 몇 마리인가?"라는 질문이 주어지면, NS-CL은 먼저 뉴럴 네트워크를 통해 이미지에서 각 동물의 특징을 추출하고 이를 심볼로 전환한다. 그런 다음 심볼릭 추론 엔진이 '동물'이라는 범주 안에서 '고양이'라는 심볼을 찾아내고, 그 수를 계산하여 최종 답을 도출한다. 이 과정은 SECI 모델의 외부화와 결합 과정을 연상시킨다. 딥마인드의 연구진은 이러한 접근을 통해, 단순히 정답을 맞히는 것을 넘어 '왜' 그런 결과에 도달했는지 설명할 수 있는 시스템을 구축하는 데 초점을 맞추고 있다.

또한 딥마인드는 'Agentic Framework'를 도입하여 AI가 스스로 환경과 상호작용하면서 가설을 세우고 이를 검증하는 과정을 연구하고 있다. 이 프레임워크에서는 AI가 여러 가지 가능성을 동시에 고려하며, 내부 잠재 공간에서 직접 사고를 진행한 후 최종 결론을 내놓는다. 게임 환경에서 AI가 플레이어의 움직임을 분석하고 그 결과에 따라 다양한 전략적 결정을 내리는 과정에서, 단순한 패턴 인식이 아니라 논리적 추론과 가설 검증이 동시에 이루어진다. 딥마인드의 이러한 연구는 AGI로 나아가기 위한 중요한 돌파구로 평가받고 있으며, 향후 AI가 인간과 같이 창의적이고 종합적인 문제 해결 능력을 갖추는 데 큰 역할을 할 것으로 기대된다.

딥마인드의 뉴로심볼릭 연구는 또한 SECI 모델의 내재화 과정을 반영한다. AI가 대량의 데이터를 통해 암묵적인 지식을 축적하고, 이를 명시적인 규칙과 논리로 전환하여 새로운 문제에 적용하는 방식은,

인간이 경험을 통해 지식을 내면화하고 이를 다시 사회화하여 새로운 정보를 창출하는 과정과 매우 유사하다. 이러한 점에서 딥마인드의 연구는 단순히 기술적인 발전을 넘어, 인공지능이 인간의 지식 창출 메커니즘을 모방하여 AGI로 나아갈 수 있는 근간을 마련하고 있다는 점에서 큰 의의를 가진다.

IBM 왓슨Watson은 IBM이 개발한 인공지능 플랫폼으로 초기에는 주로 자연어 처리와 데이터 분석에 중점을 두었으나, 최근에는 심볼릭 AI와 뉴럴 네트워크를 결합한 뉴로심볼릭 시스템으로의 발전에 주목하고 있다. IBM 왓슨은 방대한 양의 텍스트 데이터와 구조화된 지식을 바탕으로, 전문가 시스템의 강점을 살린 심볼릭 추론과 딥러닝의 패턴 인식 능력을 동시에 활용하는 모델로 발전하고 있다.

IBM 왓슨의 핵심 기술 중 하나는 '지식 그래프Knowledge Graph'이다. 지식 그래프는 다양한 개체와 그 관계를 시각적으로 표현하여 복잡한 정보를 체계적으로 정리하는 도구이다. IBM 왓슨은 방대한 의료 기록, 법률 문서, 금융 보고서 등을 기반으로 지식 그래프를 구축하여 해당 분야의 전문가들이 사용하는 용어와 규칙, 그리고 그 관계를 체계화하고 있다. 이러한 지식 그래프는 왓슨이 심볼릭 AI의 역할을 수행하는 데 필수적인 기반 자료가 되며 데이터 기반의 딥러닝 모델과 결합되어 사용된다.

왓슨의 시스템은 먼저 대량의 데이터를 뉴럴 네트워크를 통해 학습하며 각종 패턴과 특징을 추출한다. 이후 이 추출된 정보를 지식 그래프와 같은 형식으로 변환하여 심볼릭 추론 엔진에 입력한다. 이 엔진은 "if-then" 규칙과 논리 체계를 적용하여, 주어진 문제에 대해 명확한 결론을 도출한다. 의료 분야에서 환자의 증상과 검사 결과가 입력되면, 왓슨은 뉴럴 네트워크를 통해 이를 분석하고, 구축된 지식 그래프를 바탕으로 "이 환자는 A 질환의 가능성이 높다"라는 결론을 내리면서 그 이유와 관련 증거들을 함께 제공한다.

IBM 왓슨의 지식 기반 뉴로심볼릭 시스템은 특히 설명 가능성과 투명성 측면에서 강점을 보인다. 사용자는 왓슨이 왜 특정 결론에 도달했는지, 어떤 규칙과 데이터를 사용했는지를 쉽게 확인할 수 있다. 이는 SECI 모델의 외부화와 결합 과정을 반영하는데, 왓슨은 암묵적인 데이터 기반 학습 결과를 명확한 심볼과 규칙으로 전환하여 사용자에게 설명하는 과정을 거친다. 이러한 방식은 의료, 법률, 금융 등 신뢰성이 중요한 분야에서 왓슨이 널리 활용되는 이유 중 하나이다. 왓슨은 자신의 예측 결과와 실제 결과를 비교 분석하여 잘못된 가설이나 편향을 수정하고 더욱 정교한 모델로 발전해 나가는 시스템도 갖추고 있다. 자가 학습 및 피드백 메커니즘을 가지고 있다는 것이다.

IBM 왓슨의 뉴로심볼릭 시스템은 또한 다른 AI 시스템과의 통합 및 상호 운영성 측면에서도 중요한 역할을 하고 있다. IBM은 다양한 산업 분야에 왓슨의 기술을 적용하기 위해 기존의 시스템과 쉽게 통합될 수 있는 인터페이스와 API를 제공하고 있다. 이를 통해 기업들은 왓슨의 강력한 데이터 분석 및 심볼릭 추론 능력을 손쉽게 도입하고, 자체 시스템과 연계하여 보다 높은 수준의 자동화와 의사결정 지원을 구현할 수 있다. 이러한 접근법은 기업들이 복잡한 데이터를 효과적으로 처리하고, 이를 바탕으로 신뢰할 수 있는 결과를 도출하는 데 큰 도움을 준다.

오늘날 전 세계의 여러 연구기관과 기업들은 뉴로심볼릭 AI 기술을 활용하여 기존의 AI 한계를 극복하고, 보다 창의적이며 설명 가능한 인공지능 시스템을 개발하려는 다양한 시도를 진행하고 있다.

미국 MIT와 스탠포드 대학교는 로봇 공학과 자율 시스템 분야에서 뉴로심볼릭 AI를 적용한 혁신적인 연구를 진행 중이다. 예를 들어, MIT의 CSAIL Computer Science and Artificial Intelligence Laboratory에서는 로봇이 복잡한 환경에서 스스로 문제를 인식하고, 그에 맞는 행동을 선택할 수 있도록 뉴럴 네트워크와 심볼릭 추론을 결합한 시스템을 연구하고 있다. 이 시스템은 로봇이 주변 환경에서 여러 센서 데이터를 실시간으로 분석하고 그 데이터를 바탕으로 "이 경로를 선택하면 장애물을 피할 수 있다"라는 결론을 도출하며, 그 과정에서 내부의 잠재 공간에서 추출한 특징들을 심볼 형태로 변환하여 설명 가능성을 확보한다.

스탠포드 대학교의 SAIL Stanford Artificial Intelligence Laboratory에서는 자율 주행 로봇이 환경에 적응하며 스스로 가설을 세우고, 그 가설을 검증하여 최적의 경로를 선택하는 시스템을 개발하고 있다. 이 연구는 로봇이 실제 도로 상황에서 발생하는 예외적인 상황에도 유연하게 대처할 수 있도록, 뉴럴 네트워크의 데이터 기반 학습과 심볼릭 추론의 결합을 시도하고 있다.

MS와 구글도 뉴로심볼릭 AI를 활용한 다양한 프로젝트를 진행

중이다. MS는 특히 자연어 처리와 지식 그래프 기술을 결합하여 사용자의 질문에 대해 단순히 관련 정보를 제공하는 것을 넘어서, 그 질문에 대한 심층적인 논리와 근거를 설명하는 시스템을 개발하고 있다. 이 시스템은 뉴럴 네트워크를 통해 방대한 텍스트 데이터를 학습한 후, 심볼릭 AI가 이를 바탕으로 "왜 이 정보가 중요한지"를 설명할 수 있도록 구성되어 있다. 구글 역시 자사의 검색 엔진과 챗봇에 뉴로심볼릭 AI 기술을 도입하여 사용자가 질문할 때 단순히 결과만 제공하는 것이 아니라, 그 결과에 이른 과정을 상세히 설명할 수 있는 기능을 연구하고 있다.

중국과 일본, 유럽 등에서는 뉴로심볼릭 AI를 활용하여 도시 관리 및 환경 문제 해결에 큰 진전을 이루고 있다. 알리바바의 DAMO_{Alibaba DAMO Academy}는 스마트시티 프로젝트의 일환으로, 도시 내 교통, 에너지 소비, 환경 오염 등 다양한 데이터를 수집하고 분석하는 시스템을 개발하고 있다. 이 시스템은 먼저 뉴럴 네트워크를 통해 대규모 센서 데이터에서 패턴을 인식하고, 이를 심볼릭 AI를 이용해 "이 지역은 교통 체증이 심하다" 또는 "에너지 소비 패턴에 이상 징후가 있다"와 같이 명확한 규칙과 논리로 전환한다.

바이두Baidu와 텐센트Tencent 등도 뉴로심볼릭 AI 기술을 적극 도입하여, 자율 주행, 스마트시티, 의료 영상 분석 등 다양한 분야에서 혁신적인 솔루션을 개발하고 있다. 바이두는 특히 자연어 처리와 이미지 인식 분야에서 데이터 기반 학습과 심볼릭 추론을 결합한 모델을 연구하고 있으며, 텐센트는 대규모 사용자 데이터를 활용한 AI 모델을 개발하고, 이를 통해 다양한 서비스에 적용하는 데 주력하고 있다.

일본의 여러 대기업 역시 스마트시티 및 환경 관리에 뉴로심볼릭 AI를 적용하고 있다. 일본의 히타치Hitachi는 도시 전체의 에너지 관리와 교통 시스템을 통합적으로 운영하기 위해, 센서 데이터와 실시간 분석 시스템을 결합한 뉴로심볼릭 AI 솔루션을 도입하였다. 이 시스템은 도심의 다양한 데이터를 실시간으로 처리하여, 도시 운영의 효율성을 극대화하고, 시민들에게 보다 안전하고 쾌적한 환경을 제공하는 데 기여하고 있다.

또한 유럽의 EEAEuropean Environment Agency와 협력하여 진행되는 여러 연구 프로젝트에서는 위성 데이터와 지상 센서 데이터를 통합하여 기후 변화와 환경 오염을 분석하는 시스템을 개발 중이다. 이 시스템은 뉴럴 네트워크를 통해 환경 데이터를 학습하고, 심볼릭 AI를 통해 예측 모델을 구축하여, 특정 지역의 기후 변화나 오염 패턴을 명확하게 설명할 수 있도록 한다.

제조업 분야에서도 뉴로심볼릭 AI의 활용은 큰 변화를 가져오고 있다. 일본의 여러 제조 기업과 연구기관은 공정 자동화와 품질 관리에 뉴로심볼릭 AI를 도입하여, 생산 과정에서 발생할 수 있는 오류를 사전에 예측하고 최적의 운영 방식을 제시하는 시스템을 구축하고 있다. 일본의 FANUC는 로봇 자동화 시스템에 뉴로심볼릭 AI를 적용하여 생산 라인에서 발생하는 이상 상황을 실시간으로 감지하고, 이를 분석하여 "이 부품은 조립 과정에서 문제가 발생했다"라는 결론과 함께 구체적인 수정 방안을 제공한다.

미국의 GE 역시 제조 공정의 최적화와 예측 유지보수를 위해 뉴로심볼릭 AI를 도입하고 있다. 다양한 센서 데이터를 실시간으로 모니터링하고, 뉴럴 네트워크를 통해 패턴을 학습한 후, 심볼릭 추론을 통해 기계의 상태를 분석한다. 이를 통해 장비 고장의 원인을 미리 예측하고, 유지보수 시기를 정확하게 결정할 수 있는 시스템을 구축하였다.

한국의 KAIST와 ETRI도 뉴로심볼릭 AI 기술을 활용한 다양한 프로젝트를 진행하고 있다. KAIST에서는 인공지능을 활용한 로봇 제어 및 자연어 처리 연구가 활발하게 이루어지고 있으며, 이를 통해 로봇이 복잡한 환경에서 스스로 문제를 인식하고 해결하는 능력을 키우고 있다. ETRI는 국내 인공지능 연구의 선두 주자로, 의료, 금융, 공공 분야에 적용할 수 있는 뉴로심볼릭 AI 시스템을 개발 중이다.

유럽과 미국의 다양한 신생 기업들도 뉴로심볼릭 AI를 활용하여 혁신적인 서비스를 개발하고 있다. 미국의 뉴튼Knewton은 학생들의 학습 패턴과 성취도를 분석하여, 각 학생에게 최적화된 학습 경로를 제시하는 시스템을 운영하고 있다. 이 시스템은 뉴럴 네트워크가 학생 데이터를 학습하여 각자의 강점과 약점을 파악하고, 심볼릭 AI를 통해 이를 명확한 학습 전략으로 전환하여 추천하는 방식이다. 카네기 러닝Carnegie Learning은 인공지능을 활용해 학생들이 수학 문제를 풀 때, 어떤 개념에서 어려움을 겪고 있는지를 분석하고, 그에 따른 맞춤형 피드백과 학습 자료를 제공하는 시스템을 개발하였다. 이 시스템은 뉴럴 네트워크를 통해 학생들의 학습 데이터를 분석한 후, 심볼릭 AI

가 이를 바탕으로 "이 학생은 기하학 개념에서 어려움을 겪고 있으므로, 이와 관련된 추가 연습 문제가 필요하다"는 결론을 도출한다. 캐나다의 엘리먼트 AI~Element AI~는 기업들이 AI를 활용하여 비즈니스 문제를 해결할 수 있도록 돕는 플랫폼을 개발하고 있으며, 이 과정에서 데이터 기반의 학습과 심볼릭 추론의 결합을 통해 사용자에게 보다 명확한 분석 결과와 의사결정 근거를 제공하고 있다. 프랑스의 INRIA는 인공지능의 다양한 응용 분야에서 혁신적인 연구를 수행하며, 특히 의료와 환경 관리 분야에서 AI가 어떻게 인간의 복잡한 문제를 해결할 수 있는지에 대한 연구를 진행하고 있다. 독일의 프라운호퍼 소사이어티~Fraunhofer Society~ 역시 제조, 에너지, 통신 등 여러 산업 분야에서 AI 기술을 적용하여, 데이터와 심볼릭 추론의 결합을 통한 새로운 해결책을 제시하고 있다.

이 외에도 인공지능 분야의 다양한 글로벌 컨퍼런스와 워크숍에서 뉴로심볼릭 AI와 관련한 최신 연구 성과와 응용 사례들이 발표되고 있다. 예를 들어, NeurIPS, ICML, AAAI 등 세계적인 인공지능 학회에서는 데이터 기반 학습과 심볼릭 추론의 결합을 주제로 한 세션들이 열리며, 연구자들이 최신 기술 동향과 응용 사례를 공유하고 있다. 이러한 학회 자료들은 NeurIPS Proceedings, ICML Proceedings, AAAI Digital Library에서 쉽게 찾아볼 수 있다.

이처럼 전 세계의 다양한 연구기관과 기업들은 뉴로심볼릭 AI 기술을 통해 단순한 데이터 학습을 넘어 인간과 유사한, 창의적이고 종합적인 문제 해결 능력을 구현하고자 노력하고 있다.

해외의 다양한 뉴로심볼릭 AI 적용 사례를 종합해보면, 각 연구기관과 기업들은 서로 다른 방식으로 이 혁신적인 기술을 응용하고 있지만, 공통적으로 데이터 기반 학습과 심볼릭 추론의 융합을 통해, AI가 스스로 학습하고 문제를 해결하는 과정을 명확하게 설명할 수 있도록 만드는 데 주력하고 있음을 알 수 있다. 이러한 접근법은 AGI로의 발전에 있어서 매우 중요한 요소이며, 앞으로도 전 세계 연구자들과 기업들이 이 방향으로 지속적인 연구와 개발을 이어갈 것으로 기대된다.

뉴로심볼릭 AI에 대한 고민

우리는 두 가지 상반된 방식의 지식 획득을 경험한다. 경험을 통해 스스로 무의식적으로 습득되는 암묵지와 명확하게 정해진 'if-then' 규칙이나 논리 체계를 통해 지식을 표현하는 규칙 기반의 방식이 그것이다.

문제는 이 두 방식이 서로 매우 다른 특성을 지니고 있다는 데 있다. 암묵지는 많은 경험과 예시를 통해 자연스럽게 습득한 패턴을 기반으로 유연하게 작동하지만, 그 과정이 복잡하고 불투명하여 "왜 그런 결과가 나왔는지"를 설명하기 어려운 단점이 있다. 반면 규칙 기반 접근은 명확하고 투명한 규칙 덕분에 결과의 근거를 쉽게 파악할 수 있지만, 인간의 복잡한 경험을 모두 규칙으로 표현하기 어렵고, 새로운 상황이나 예외적 경우에 유연하게 대응하지 못하는 한계가 있다.

이 두 방식은 서로 충돌하는 경우가 많다. 대량의 데이터를 통해 학습된 뉴럴 네트워크는 때때로 기존의 명시적 규칙과 상반되는 결론을 내릴 수 있다. 이는 마치 학생이 경험을 통해 배운 직관이 교과서에 나온 정형화된 공식과 충돌할 때 발생하는 혼란과 비슷하다. 또한, 규칙 기반 시스템은 고정된 틀 내에서만 작동하기 때문에 데이터 중심 학습에서 나타나는 다양한 패턴과 변동성을 포착하지 못하는 경우가 많아, 두 접근법 간에 자연스러운 균형을 이루기가 매우 어렵다.

또한, 데이터 중심 접근은 학습 데이터의 품질과 양에 크게 의존하기 때문에, 편향된 데이터나 노이즈가 많은 경우 그 결과 역시 왜곡될 위험이 있다. 규칙 기반 접근은 그런 데이터의 변동성을 감안하지 못하고, 모든 것을 미리 정의된 규칙으로 처리하려 하므로, 실제 상황에서 발생하는 복잡한 문제를 해결하는 데 한계가 있다. 이와 같이 두 방식 간의 충돌은 인공지능이 인간과 같이 창의적이고 종합적인 사고를 하기 위해서는 단순히 한 가지 방법에 의존해서는 안 된다는 중요한 메시지를 전달한다.

그렇다면 왜 데이터 중심의 접근과 규칙 기반의 접근 사이에서 균형을 맞추는 것이 이렇게 어려울까? 그 이유는 여러 가지로 설명할 수 있다.

첫째, 두 방식은 본질적으로 서로 다른 사고 방식을 반영한다. 데이터 중심 접근은 '경험'에 의존한다. 인간이 실제로 다양한 상황을 겪으며 무의식적으로 형성되는 직관이나 느낌과도 같다. 이 방식은 시간이 지남에 따라 자연스럽게 발전하고 변화하며, 새로운 데이터를 접할 때마다 끊임없이 업데이트된다. 반면, 규칙 기반 접근은 '이론'에 의존한다. 이미 정해진 공식이나 규칙을 바탕으로 작동하기 때문에, 변화하는 환경에 대해 유연하게 대처하기 어렵고, 모든 상황을 포괄하기 위해서는 수많은 규칙을 미리 정의해야 한다. 이 두 사고 방식은 서로 보완적이긴 하지만, 동시에 그 성격과 작동 방식이 근본적으로 다르기 때문에 자연스러운 균형을 이루기가 쉽지 않다.

둘째, 데이터와 규칙은 각각의 장점을 극대화하는 방향으로 발전해 왔다. 뉴럴 네트워크는 최근 수십 년간 급격한 발전을 이루며, 대규모 데이터와 고성능 컴퓨팅의 도움을 받아 놀라운 패턴 인식 능력을 갖추게 되었고, 그 결과 많은 실제 문제에서 인간을 능가하는 성과를 보이고 있다. 그러나 이러한 발전은 내부 작동의 복잡성을 동시에 증가시켜, 결과를 설명하기 어려운 '블랙박스' 문제를 야기한다. 반면, 심볼릭 AI는 오랜 기간 동안 명확한 규칙과 논리 체계를 기반으로 한 시스템을 발전시켜 왔지만, 현실 세계의 복잡성을 모두 포착하지 못하는 한계가 있다. 이 두 방식이 각자 자신들의 강점을 극대화하려고 하다 보니, 서로 결합했을 때 자연스럽게 균형을 맞추기가 어렵다.

셋째, 인간의 지식 창출과 학습 과정 역시 단순한 하나의 방식으로 이루어지지 않는다. SECI 모델에서 보듯이, 지식은 암묵지와 형식지가 서로 전환되며 창출된다. 인간은 직접 경험과 상호작용을 통해 암묵지를 형성하고, 이를 다시 명시적인 규칙과 언어로 전환하여 사회와 공유하며, 다시 이를 내면화하는 과정을 거친다. 이러한 복잡한 과정은 단일한 접근법으로는 재현하기 어려우며, 데이터 중심 학습과 규칙 기반 추론을 적절히 결합해야만 가능한 것이다. 그러나 이 두 요소를 어떻게 조화롭게 결합할지에 대한 방법론은 아직도 활발한 연구 주제이며, 그 최적의 균형점을 찾는 것은 매우 어려운 문제로 남아 있다.

넷째, 실제 적용 환경에서 발생하는 예외 상황과 복잡한 변수들도 균형 문제를 어렵게 만든다. 예를 들어, 의료 분야에서 환자의 증상은 매우 다양하고, 동일한 질병이라도 사람마다 다르게 나타날 수 있다. 데이터 중심 접근은 이러한 다양한 변수를 포착하는 데 유리하지만, 때때로 규칙 기반 접근이 요구하는 명확한 기준을 제공하지 못할 수 있다. 반대로, 엄격한 규칙을 적용하면 예외적인 상황을 제대로 처리하지 못해 잘못된 결론에 도달할 위험이 있다. 따라서 실제 환경에서 이 두 방식을 균형 있게 조합하는 것은 매우 까다로운 문제이다.

최적의 뉴로심볼릭 모델 설계를 위한 전략

이러한 데이터 중심 접근과 규칙 기반 접근 간의 균형 문제를 극복하고, 뉴로심볼릭 AI를 최적화하기 위한 여러 가지 전략들이 제시되고 있다. 쉽게 이해할 수 있도록 몇 가지 주요 전략과 그 원리를 설명하고자 한다.

첫째, 계층적 통합 방식이다. 인간의 학습을 생각해보면 우리는 기초적인 개념부터 시작하여 점차 복잡한 문제로 나아간다. 마치 초등학생이 기초적인 산술을 배우고, 중학생이 이를 바탕으로 대수학을 공부하며, 고등학생이 미적분과 통계학을 배우는 것과 같다. 뉴로심볼릭 모델에서도 마찬가지로 가장 기본적인 데이터 패턴 인식 단계와 이를 심볼로 변환하여 규칙을 적용하는 단계를 계층적으로 통합하는 방식이 유용하다. 초기 층에서는 뉴럴 네트워크가 단순한 패턴과 특징을 추출하고, 중간 계층에서는 이 정보를 심볼릭 표현으로 변환한 후, 최종 층에서 심볼릭 추론을 통해 문제를 해결하는 구조를 갖추면, 각각의 단계에서 발생할 수 있는 오류를 최소화하고 전체 시스템의 신뢰성을 높일 수 있다.

둘째, 동적 피드백 메커니즘을 도입하는 것이다. 학생이 시험을 보고 나서 자신의 오답을 분석하고, 그에 따라 공부 방법을 수정하는 것처럼, 뉴로심볼릭 AI도 자신의 추론 결과와 실제 결과를 비교하여 스스로 학습할 수 있는 피드백 시스템을 갖추어야 한다. 이를 통해 데이터 기반 학습 과정에서 발생한 오류나 규칙 기반 추론에서의 불일치를 지속적으로 보완하고 수정할 수 있으며, 점차 최적화된 모델로 발전할 수 있다. 동적 피드백 메커니즘은 또한 AI가 새로운 데이터를 접할 때마다 자신의 내부 규칙과 가중치를 업데이트하는 자가 개선 기능을 포함하게 하여, 지속적인 학습과 적응을 가능하게 한다.

셋째, 혼합 학습Mixed Learning 전략을 활용하는 방법이다. 이 전략은 데이터 기반의 경험과 규칙 기반의 이론을 동시에 학습하는 방식으로, 두 접근법의 장점을 극대화하는 것이다. AI가 먼저 대량의 데이터를 통해 기본적인 패턴을 학습한 후 그 결과를 바탕으로 심볼릭 추론을 위한 명시적인 규칙 집합을 구축한다. 이후 이 규칙 집합을 이용해 새로운 데이터를 처리하고, 그 결과를 다시 뉴럴 네트워크의 학습에 반영하는 방식이다. 이렇게 혼합 학습을 통해 두 가지 방식이 서로 보완하며, AI는 점차 더 정교하고 신뢰할 수 있는 추론 능력을 갖추게 된다.

넷째, 인터페이스와 변환 계층을 강화하는 방법이다. 앞서 언급한 것처럼 뉴럴 네트워크는 암묵적인 데이터를 내부의 잠재 공간에 저장하는 반면, 심볼릭 AI는 명시적인 규칙과 논리로 이를 처리한다. 이 두 영역을 효과적으로 연결하기 위해서는 뉴럴 네트워크의 내재적 표현을 사람이 이해할 수 있는 심볼로 변환하는 인터페이스가 필요하다. 이 변환 계층은 데이터와 규칙 간의 다리 역할을 하며, 두 시스템 간의 정보 전달을 원활하게 만든다. 이미지 데이터를 벡터 형태로 저장한 후, 이를 "고양이의 귀가 뾰족하다", "눈이 크다"와 같이 구체적인 설명으로 전환하는 기술이 이에 해당한다. 이러한 변환 계층을 통해 AI는 자신의 내부 학습 결과를 명확하게 설명할 수 있으며, 이는 전체 시스템의 투명성과 신뢰성을 높이는 데 크게 기여한다.

다섯째, 다양한 도메인 지식을 통합하는 지식 그래프의 활용도 중요한 전략 중 하나이다. 지식 그래프는 여러 개체와 그 관계를 시각적으로 표현하여 복잡한 정보를 체계적으로 정리하는 도구이다. 이를 통해 AI는 다양한 도메인의 정보를 한데 모으고, 그 정보들 간의 상호 연관성을 분석할 수 있다. 예를 들어, 의료 분야에서 환자의 증상, 검사 결과, 병력 정보 등을 지식 그래프로 연결하여, AI가 각 정보를 통합적으로 분석하고 최종 진단에 도달하는 과정을 보다 명확하게 설명할 수 있다. 지식 그래프는 SECI 모델의 결합 과정을 반영하며, 데이터와 규칙의 균형을 이루는 데 매우 효과적인 도구로 사용될 수 있다.

여섯째, 편향 문제를 최소화하는 데이터 관리 전략도 균형 문제를 해결하는 데 필수적이다. 데이터 중심 접근은 학습 데이터의 품질과 다양성에 크게 의존하기 때문에 편향된 데이터로 인해 발생할 수 있는 오류를 최소화하는 것이 중요하다. 이를 위해 데이터 전처리, 증강, 그리고 다양성 확보를 위한 체계적인 관리 방법이 필요하다. 마치 한 학생이 여러 다양한 교재와 사례를 통해 편향 없이 폭넓은 지식을 습득하는 것과 같이, AI도 다양한 데이터를 균형 있게 학습할 수 있도록 해야 한다.

마지막으로 협업 기반 연구와 개방형 플랫폼의 도입도 중요한 전략이다. 여러 연구기관과 기업들이 각자의 강점을 결합하여 협력할 때, 단일 기관에서 해결하기 어려운 균형 문제를 보다 효과적으로 극복할 수 있다. 글로벌 AI 커뮤니티 내에서 데이터 공유와 모델 평가, 그리고 공동 연구를 통해 최적의 뉴로심볼릭 모델 설계 전략을 도출하는 것이 그러한 사례이다. 이는 마치 여러 학생들이 함께 팀 프로젝트를 진행하며 서로의 아이디어를 공유하고, 이를 바탕으로 더 완성도 높은 결과물을 만들어내는 것과 유사하다.

최적의 모델 설계는 다양한 도메인에서 축적된 경험과 데이터를 바탕으로, 규칙과 논리를 유연하게 적용할 수 있는 구조를 갖추어야 한다. 이는 마치 여러 교과목을 종합적으로 학습하여 문제를 해결하는 학생처럼, AI도 다양한 정보를 종합하고 통합하는 능력을 길러야 함을 의미한다.

이러한 융합적 접근법은 단지 기술적인 문제만이 아니라 윤리적 문제와도 깊은 관련이 있다. 데이터 편향이나 알고리즘의 불공정성이 문제로 지적될 때 AI가 그 결정 과정을 투명하게 설명할 수 있다면, 사용자와 사회 전체가 그 결과를 신뢰하고 수용하기가 한층 쉬워진다. 마치 한 학생이 자신의 답안을 설명하고, 선생님과 동료들로부터 피드백을 받으며 개선하는 과정과 같이, AI도 자신의 판단을 명확히 하고 지속적으로 보완할 수 있는 체계를 마련하는 것이 중요하다.

기존 AI 모델보다 성능이 뛰어난가?

뉴로심볼릭 AI는 기존의 단일 AI 모델, 즉 오직 뉴럴 네트워크만을 사용하거나 오직 심볼릭 AI만을 사용하는 방식보다 더 뛰어난 성능을 발휘할 수 있을 것으로 기대된다. 이러한 성능 향상은 단순히 더 좋은 결과를 낸다는 의미를 넘어서, AI가 왜 그런 결과에 도달했는지를 명확히 설명할 수 있는 투명성과 신뢰성을 갖추는 데에도 있다.

기존의 딥러닝 모델은 수많은 데이터를 학습하여 매우 높은 정확도의 예측을 수행할 수 있지만, 그 결과에 이르게 된 내부 과정을 설명하기 어렵다. 이는 마치 한 학생이 여러 번 시험을 봤지만, 왜 그 답을 선택했는지 설명할 수 없는 경우와 같다. 반면, 뉴로심볼릭 AI는 데이터 기반 학습의 강력한 패턴 인식 능력과 심볼릭 AI의 명확한 규칙 기반 추론을 결합함으로써 "이 결과가 왜 나왔는지" 그 이유를 사용자에게 설명할 수 있다. 이 설명 가능성은 특히 의료, 금융, 법률과 같은 분야에서 매우 중요한 요소이다. 사용자나 전문가가 AI의 판단 근거를 명확히 알 수 있다면, 그 결과에 대한 신뢰도와 활용도는 극대화될 것이다.

또한 뉴로심볼릭 AI는 다양한 상황에서 유연하게 대응할 수 있는 능력을 제공한다. 데이터 중심의 모델은 방대한 양의 데이터를 통해 일반화된 패턴을 학습하지만, 새로운 상황이나 예외적인 경우에 직면했을 때는 종종 예상치 못한 결과를 낼 수 있다. 심볼릭 AI는 미리 정의된 규칙에 의존하여 일관된 결과를 도출할 수 있지만, 변화하는 환경에 즉각적으로 대응하기 어려운 한계를 가지고 있다. 뉴로심볼릭 AI는 이 두 가지 방식을 결합함으로써, 한쪽의 한계를 다른 쪽의 강점으로 보완할 수 있다. 예를 들어 자율주행 자동차는 수많은 센서 데이터를 통해 도로 상황을 실시간으로 분석하는 뉴럴 네트워크의 능력과, 복잡한 교통 규칙과 상황별 대응 전략을 적용하는 심볼릭 AI의 능력이 결합되어야 한다. 이렇게 결합된 시스템은 단순히 "이 차는 멈춘다"라는 결과를 넘어서, "이 차는 앞쪽에 장애물이 있어 안전하게 우회로를 선택했다"라는 명확한 설명을 제공할 수 있으며, 이는 기존의 단일 모델보다 훨씬 더 신뢰할 수 있는 결과를 낼 수 있게 한다.

뉴로심볼릭 AI가 기존 모델보다 뛰어난 성능을 발휘하는 또 다른 이유는, 내부의 자가 개선 메커니즘 때문이다. 뉴럴 네트워크는 데이터가 많을수록 성능이 향상되는 경향이 있지만, 그 과정에서 발생하는 오류나 편향을 스스로 수정하기는 어렵다. 심볼릭 AI는 명확한 규칙을 통해 오류를 쉽게 찾아내고 수정할 수 있지만, 모든 예외 상황을 포괄하기에는 한계가 있다. 두 시스템을 결합하면, AI는 스스로 학습한 결과와 규칙 기반의 논리적 추론을 서로 비교하고, 오류가 있을 경우 이를 수정하는 피드백 루프를 형성할 수 있다. 이는 마치 학생이 시험 후 자신의 오답을 분석하고, 선생님의 피드백을 통해 점점 더 완벽한 답안을 도출하는 과정과 같다. 이러한 자가 개선 능력은 시간이 지날수록 AI의 성능을 지속적으로 향상시키며, AGI로 나아가는 데 중요한 역할을 한다.

대규모 시스템 구축 시 발생하는 문제

뉴로심볼릭 AI가 AGI로 발전하기 위해서는 단순히 소규모 데이터셋이나 제한된 환경에서만 작동하는 것이 아니라, 실제 산업 현장이나 사회 전반에 적용될 수 있는 대규모 시스템으로 구축되어야 한다. 그러나 대규모 시스템을 구축할 때는 여러 가지 도전과 문제가 발생한다.

먼저 데이터의 양과 다양성이 극도로 증가하면서, 이를 실시간으로 처리하고 분석할 수 있는 시스템이 필요하다. 이는 마치 거대한 도서관에서 수많은 책을 동시에 검색하고 필요한 정보를 추출해내는 작업과 비슷하다. 도서관이 아무리 크더라도 책들이 제대로 정리되어 있지 않다면 필요한 정보를 찾기 어렵듯이, 대규모 AI 시스템에서도 데이터가 체계적으로 저장되고 빠르게 접근할 수 있어야 한다. 뉴로심볼릭 AI의 경우 뉴럴 네트워크 부분은 방대한 양의 비정형 데이터를 빠르게 학습하고 처리할 수 있지만, 이 데이터를 심볼릭 형태로 변환하고 논리적으로 결합하는 과정에서는 추가적인 시간이 소요된다.

또한 대규모 시스템에서는 네트워크 간의 통신 지연과 데이터 전송 비용도 중요한 문제가 된다. 전 세계에 분산된 데이터 센터들이 서로 연결되어 작동하는 클라우드 시스템에서는 데이터 전송 속도와 네트워크 안정성이 전체 시스템의 성능에 큰 영향을 미친다. 뉴로심볼릭 AI가 여러 모듈로 구성되어 있다면, 이들 모듈 간에 지속적인 데이터 교환과 피드백이 필요하며, 이는 네트워크 대역폭과 통신 비용 문제로 이어질 수 있다.

시스템의 안정성과 신뢰성도 큰 도전 과제이다. 마치 거대한 빌딩을 건설할 때 구조적 안정성과 안전성이 중요하듯, 대규모 AI 시스템도 수많은 연산과 모듈이 유기적으로 연결되어 작동하는 만큼 하나의 오류가 전체 시스템의 작동에 영향을 줄 수 있다. 뉴로심볼릭 AI의 복잡한 구조는 이러한 문제를 더욱 심화시킬 수 있으며, 이를 해결하기 위해서는 모듈 간의 철저한 오류 검출 및 복구 메커니즘, 그리고 지속적인 모니터링 시스템이 필요하다.

더불어 이 시스템은 시간이 지남에 따라 지속적으로 업데이트되고 개선되어야 한다. 새로운 데이터와 환경 변화에 맞춰 모델을 재학습시키고, 규칙을 보완하는 과정은, 마치 한 도시의 인프라를 지속적으로 점검하고 보수하는 것과 같다. 이러한 유지보수와 업데이트 과정 역시 연산 비용과 인력, 자원의 투입이 필수적이며, 이는 대규모 시스템 구축 시 발생하는 중요한 문제 중 하나로 꼽힌다. 마치 여러 부품이 결합된 고성능 엔진이 단일 부품보다 유지보수와 관리가 훨씬 어렵고 비용이 많이 드는 것과 같다. 따라서, 뉴로심볼릭 AI의 장점을 최대한 활용하기 위해서는, 이러한 비용을 최소화하고 시스템의 확장성을 확보할 수 있는 최적화 기술이 반드시 수반되어야 한다.

이 문제를 극복하기 위해 연구자들은 최신 하드웨어와 효율적인 알고리즘, 그리고 분산 컴퓨팅 기술을 적극적으로 도입하고 있다. 클라우드 컴퓨팅 환경에서는 수많은 서버가 동시에 작업을 분담하여 대규모 연산을 병렬로 수행할 수 있으며, 최신 GPU와 TPU는 뉴럴 네트워크가 요구하는 방대한 연산을 빠르게 처리할 수 있도록 도와준다. 모델 경량화와 지식 증류, 프루닝과 같은 기법들은 AI 모델의 크기를 줄이면서도 성능을 유지하거나 오히려 향상시키는 데 중요한 역할을 한다. 이는 마치 고성능 자동차의 엔진을 경량화하여 연비를 높이면서도 출력을 유지하는 기술과 유사하다.

오늘날 뉴로심볼릭 AI는 그 복잡한 구조와 연산 비용 문제, 대규모 시스템 구축 시 발생하는 여러 도전 과제를 안고 있다. 그러나 이러한 문제들은 단순히 기술적인 단점이 아니라, AI가 인간과 유사한 창의적 사고와 종합적 문제 해결 능력을 갖추기 위한 필수적인 과정의 일부임을 이해해야 한다. 한 학생이 여러 번의 학습과 경험을 통해 자신의 지식을 완성해 나가는 과정에서 겪는 어려움과 마찬가지로, 뉴로심볼릭 AI도 초기에는 많은 도전 과제를 안고 있지만, 지속적인 연구와 기술 발전을 통해 점차 그 한계를 극복하고 AGI로 나아가는 길에 큰 진전을 이룰 것이다.

편향의 확산 위험

우리는 지금까지 인공지능이 데이터를 통해 패턴을 학습하고, 명확한 규칙과 논리를 기반으로 문제를 해결하는 두 가지 접근법, 즉 뉴럴 네트워크와 심볼릭 AI에 대해 살펴보았다. 이 두 가지 접근법이 결합된 뉴로심볼릭 AI는 데이터 기반 학습의 유연성과 심볼릭 추론의 투명성을 동시에 갖추어 범용 인공지능으로의 발전에 한 걸음 더 다가가게 한다. 그러나 이와 같은 융합 시스템에도 편향이라는 중요한 문제가 존재한다. 편향은 단순히 데이터를 잘못 학습한 결과만을 의미하는 것이 아니라, AI가 내리는 결정의 공정성과 신뢰성, 그리고 그 결과가 사회 전반에 미치는 영향을 크게 좌우하는 문제이다.

앞 장에서도 언뜻 다루었지만, 이번 장에서는 뉴로심볼릭 AI에서는 데이터 편향이 어떻게 발생하는지, 심볼릭 AI가 내재한 편향과 논리적 오류는 무엇인지, 그리고 이러한 편향을 줄이기 위한 설계 방법에는 어떤 것들이 있는지 자세히 살펴보고자 한다.

우선, 편향이란 무엇인지부터 간단히 설명하자. 편향은 통계학이나 기계 학습에서 주어진 데이터가 특정 집단이나 특성에 치우쳐 있을 때 발생하는 현상이다. 인공지능 시스템이 학습하는 데이터에 편향이 있으면 그 결과 역시 편향된 결론을 내릴 가능성이 높다. 예를 들어 어떤 AI가 주로 서구권의 문서나 이미지를 학습했다면, 그 AI는 동양권의 문화나 특성을 제대로 이해하지 못하고 편향된 결론을 내릴 위험이 있다. 이는 단순한 데이터의 부족이 아니라, 특정 패턴이나 특성이 과도하게 강조되어 나타나는 현상이다.

심볼릭 AI도 편향 문제가 발생할 수 있다. 심볼릭 시스템은 사람이 미리 정의한 규칙이나 지식을 바탕으로 작동하기 때문에, 그 규칙 자체에 편향이 내재되어 있을 가능성이 있다. "모든 성공적인 기업가는 혁신적 사고를 가진다"라는 규칙이 있다면 이 규칙은 특정 기업 문화나 산업에 편향될 수 있으며 결과적으로 다양한 배경을 가진 사람들의 역량을 제대로 평가하지 못할 수 있다.

뉴로심볼릭 AI에서도 이와 같은 데이터 편향 문제는 여전히 중요한 과제이다. 뉴럴 네트워크 부분은 수많은 데이터를 기반으로 패턴을 학습하는데 이 데이터가 편향되어 있다면 학습된 모델 역시 편향된 패턴만을 인식하게 된다. 의료 영상 데이터의 경우 특정 인종이나 연령대의 데이터가 과도하게 많으면, AI는 그 집단에 최적화된 진단을 내리게 되고, 반대로 다른 집단에 대해서는 부정확한 결과를 내릴 수 있다.

이와 같은 문제는 비즈니스 응용에서도 매우 중요한 영향을 미친다. 만약 금융 분야에서 AI가 투자 결정을 내릴 때 학습 데이터나 규칙에 편향이 있다면 특정 산업이나 지역, 혹은 성별과 인종에 따라 불공정한 결과가 발생할 수 있다. 이는 투자자의 신뢰를 크게 떨어뜨리고 기업의 평판에도 악영향을 미칠 수 있다. 의료 진단 시스템에서 편향된 데이터로 학습한 AI가 일부 환자에게 부정확한 진단을 내리면 이는 환자의 건강과 생명에 직접적인 위협을 줄 수 있다.

비유를 들어 설명하자면, 데이터 편향은 마치 한 학생이 한 가지 교과서만 읽고 시험 준비를 하는 것과 같다. 그 학생은 해당 교과서에 담긴 정보만을 배우기 때문에 다른 관점이나 다양한 사례를 접하지 못해 전체적인 이해가 부족하게 된다. 이 학생이 여러 다양한 자료를 공부한다면 보다 균형 잡힌 시각을 가질 수 있겠지만, 한정된 자료에만 의존한다면 편향된 지식을 습득하게 된다. 뉴로심볼릭 AI도 마찬가지이다. 데이터가 편향되어 있다면 그 AI는 편향된 결론만을 내리게 되어, 사용자가 결과를 신뢰하기 어려워진다.

따라서 뉴로심볼릭 AI에서도 데이터 편향 문제는 매우 심각하게 다루어져야 하며, 이를 해결하기 위한 다양한 데이터 전처리, 증강, 다양성 확보 전략이 필수적이다. 기업들은 학습 데이터의 품질을 철저히 관리하고, 가능한 한 다양한 데이터를 수집하여 AI가 편향 없이 학습할 수 있도록 해야 한다. 또한 편향이 발생했을 때 이를 감지하고 보정할 수 있는 동적 피드백 시스템을 도입하는 것이 중요하다.

심볼릭 AI가 내재한 편향과 논리적 오류

심볼릭 AI는 인간의 사고 과정을 모방하여 명확한 규칙과 논리를 적용하는 시스템이다. 이 방식은 그 자체로 매우 투명하여 AI가 내린 결론의 근거를 쉽게 설명할 수 있는 장점이 있다. 그러나 심볼릭 AI도 내재된 편향과 논리적 오류를 가질 수 있다. 이는 주로 사람이 직접 작성한 규칙이나 지식 기반에 의존하기 때문에 발생한다.

예를 들어 기업이 "성공적인 직원은 적극적이다"라는 규칙을 가지고 인재 채용 AI 시스템을 구축했다고 하자. 이 규칙은 명확하고 쉽게 이해할 수 있지만, 동시에 특정 성별이나 문화적 배경을 가진 사람들을 부당하게 배제할 위험이 있다. 만약 이러한 규칙이 편향된 시각에서 작성되었다면, AI 시스템은 그 편향을 그대로 반영하여 일부 후보자들에게 불리하게 작용할 수 있다. 이는 마치 한 회사가 특정 학교 출신만을 선호하는 채용 기준을 가지고 있는 것과 같다. 결과적으로, 잘못된 규칙은 조직의 다양성과 혁신성을 저해할 수 있으며, 이는 장기적으로 기업 경쟁력에 부정적인 영향을 미친다.

또 다른 예로, 법률 자문 시스템에서 심볼릭 AI가 '과거 판례에 기초한 규칙'만을 사용하여 판결을 내린다면, 이는 기존의 판례에 내재한 편향을 그대로 재현할 수 있다. 법률 판례 역시 역사적, 사회적 맥락에 따라 편향되어 있을 수 있기 때문에, 단순히 그 규칙을 적용하는 것은 새로운 상황에서 부적절한 결론을 도출할 위험이 있다.

심볼릭 AI의 내재된 편향은 주로 두 가지 측면에서 발생한다. 첫째, 규칙 작성자의 주관적 편향이다. 인간이 작성한 규칙은 본인의 경험, 문화, 가치관에 크게 영향을 받는다. 이는 마치 한 선생님이 특정 교과서만을 기준으로 수업을 진행하면서 그 교과서의 한계나 편향을 학생들에게 그대로 전달하는 것과 같다. 둘째, 지식 기반 자체의 한계이다. 심볼릭 AI가 활용하는 지식 그래프나 데이터베이스는 특정 시점의 정보를 반영하며, 시간이 지남에 따라 변화하는 사회적, 문화적 맥락을 충분히 반영하지 못할 수 있다. 이 경우, 과거에 유효했던 규칙이나 데이터가 현재 상황에서는 부적절하게 작용할 수 있다.

비즈니스 측면에서 이러한 문제는 매우 심각하다. 기업이 고객 서비스나 마케팅 전략에 심볼릭 AI를 활용할 때, 편향된 규칙이나 데이터로 인해 특정 고객 집단에 불리한 결정을 내리면, 이는 고객 불만족과 함께 법적 문제로도 이어질 수 있다. 예를 들어 금융 기관이 대출 심사에 심볼릭 AI를 도입했는데, 이 시스템이 과거의 편향된 데이터를 기반으로 특정 인종이나 성별에 불리한 평가를 내린다면, 이는 기업의 평판과 신뢰도를 크게 훼손시킬 것이다. 교육 분야에서도 AI를 활용한 맞춤형 학습 시스템이 주목받고 있는데 만약 이 시스템이 특정 지역이나 학교의 데이터를 주로 학습한다면, 전체 학생들의 학습

성향을 제대로 반영하지 못해 일부 학생들에게만 적합한 학습 전략을 제시할 위험이 있다. 교육 분야에서는 학생 개개인의 학습 패턴과 배경이 매우 다양하기 때문에, AI 시스템은 다양한 데이터를 균형 있게 학습하고, 그 결과를 바탕으로 공정하고 맞춤형 학습 계획을 제공해야 한다. 이는 마치 한 학교의 교과서가 모든 학생의 수준을 반영하지 못하는 것과 같아서, 다양한 자료와 사례를 통합한 맞춤형 교육이 필요하다는 점과 유사하다.

심볼릭 AI의 논리적 오류는 단순한 규칙의 적용에만 그치지 않고, 복잡한 문제 해결 과정에서도 나타난다. 의료 진단 시스템에서 "모든 고령자는 특정 질병에 걸릴 확률이 높다"라는 일반화된 규칙이 사용된다면, 개별 환자의 상황을 무시한 채 단순한 결론을 내릴 수 있다. 이는 마치 모든 나이 든 사람이 반드시 건강 문제를 겪는다고 단정짓는 것과 같아서, 개별 환자의 다양한 특성을 고려하지 못하는 문제가 있다.

따라서 심볼릭 AI가 내재한 편향과 논리적 오류를 줄이기 위해서는, 규칙이나 지식 기반을 주기적으로 검토하고 다양한 시각을 반영할 수 있도록 업데이트하는 노력이 필요하다. 기업이나 연구기관은 규칙 작성 과정에서 다수의 전문가 의견을 반영하고, 다양한 데이터 소스를 통합하여, 편향된 시각을 최소화하는 방향으로 시스템을 설계해야 한다. 또한 동적 피드백 시스템을 도입하여, 실제 사용 과정에서 발생하는 오류나 편향을 지속적으로 감지하고 수정할 수 있도록 해야 한다.

비유를 들어 설명하자면, 심볼릭 AI의 규칙은 마치 한 요리사의 레시피와 같다. 요리사는 자신만의 경험과 취향에 따라 레시피를 작성할 수 있지만, 그 레시피가 모든 사람의 입맛을 만족시킬 수는 없다. 만약 레시피에 특정 재료가 과도하게 강조된다면, 다른 재료의 풍미가 제대로 전달되지 않을 수 있다. 이와 마찬가지로 심볼릭 AI에서 작성된 규칙이 한쪽으로 치우치면 전체 시스템이 편향된 결론만을 내리게 된다. 이를 해결하기 위해서는 다양한 요리사의 의견을 모아 레시피를 보완하고, 여러 가지 재료를 균형 있게 사용하는 것처럼, 규칙 작성 과정에서도 다양한 전문가의 의견과 최신 데이터를 반영하여 규칙을 지속적으로 개선해야 한다.

심볼릭 AI의 지식 기반은 마치 도서관과 같다. 도서관이 특정 분야의 책만 보관한다면 그 도서관을 이용하는 사람들은 제한된 정보만 얻을 수 있다. 다양한 분야의 책이 균형 있게 비치되어 있다면 사용자들은 폭넓은 지식을 얻을 수 있으며, 다양한 시각에서 문제를 바라볼 수 있게 된다. 심볼릭 AI의 지식 그래프도 마찬가지로, 다양한 출처의 정보를 균형 있게 통합하여 구성되어야 한다. 이를 위해서는 지속적인 업데이트와 검증, 그리고 여러 데이터 소스 간의 상호 연관성을 철저히 분석하는 작업이 필수적이다.

편향을 줄이기 위한 설계 방법

이제까지 데이터 중심의 학습과 규칙 기반 추론이 결합된 뉴로심볼릭 AI에서 발생할 수 있는 편향 문제와 그로 인한 논리적 오류에 대해 살펴보았다. 이러한 편향을 줄이기 위한 설계 방법은 AI 시스템의 신뢰성과 공정성을 확보하는 데 매우 중요하다. 여기서는 다양한 사례와 비유를 통해, 편향을 최소화할 수 있는 구체적인 설계 방법들을 알아보자.

먼저, 데이터 편향을 줄이기 위한 가장 기본적인 방법은 데이터 전처리 및 다양성 확보이다. 이는 마치 한 학생이 다양한 교재와 다양한 예제를 통해 편향 없이 균형 잡힌 지식을 습득하는 것과 같다. 데이터 전처리 과정에서는 데이터의 노이즈를 제거하고, 불균형한 데이터를 보완하기 위한 증강 기법을 적용한다. 예를 들어, 한 금융 AI 시스템이 특정 지역의 고객 데이터에 치우쳐 있다면, 다른 지역의 데이터를 추가로 수집하거나, 기존 데이터를 증강하여 균형을 맞추는 것이 필요하다. 또한, 데이터의 출처를 다양화하고, 여러 다양한 상황을 반영한 데이터를 수집하는 것도 매우 중요하다.

두 번째로, 규칙 기반 시스템의 편향을 줄이기 위한 다중 전문가 협업이 있다. 심볼릭 AI에서 사용하는 규칙이나 논리 체계는 규칙 작성자의 주관에 크게 의존한다. 이를 보완하기 위해, 여러 전문가들의 의견을 종합하여 규칙을 작성하고, 주기적으로 검토 및 업데이트하는 시스템을 도입할 수 있다. 전 세계의 다양한 연구기관과 기업들이 서로의 데이터를 공유하고, 공동으로 AI 모델을 개선하는 협업 연구를 진행할 수 있다면 단일 기관에서는 해결하기 어려운 편향 문제를 보다 효과적으로 극복할 수 있을 것이다. 이는 마치 한 학교에서 여러 선생님이 함께 교과서를 검토하고, 다양한 관점을 반영하여 수업 자료를 준비하는 것과 같다. 이러한 협업적 접근은 규칙의 편향을 줄이고, 보다 공정하고 포괄적인 지식 기반을 구축하는 데 큰 도움이 된다.

세 번째로, 동적 피드백 및 자가 개선 메커니즘을 도입하는 방법이 있다. AI 시스템이 실제 운영되는 동안, 그 성능과 결과를 지속적으로 모니터링하고, 잘못된 결과나 편향된 판단이 발생했을 때 이를 자동으로 수정할 수 있는 피드백 시스템을 구축하는 것이다. 마치 학생이 시험 후 자신의 오답을 분석하고, 선생님의 피드백을 통해 공부 방법을 수정하는 것처럼, AI도 자신의 추론 결과를 평가하고, 오류가 발견되면 그 부분을 수정하여 점차 개선해 나가는 자가 학습 체계를 갖추어야 한다. 이러한 동적 피드백 시스템은 AI가 새로운 데이터나 환경 변화에 따라 지속적으로 업데이트될 수 있도록 하여, 편향 문제를 실시간으로 감지하고 보완할 수 있게 한다.

네 번째로, 혼합 학습 전략을 통해 데이터 기반 학습과 규칙 기반 추론이 서로 보완적으로 작동하도록 하는 방법이 있다. 혼합 학습은 AI가 먼저 대량의 데이터를 통해 기본적인 암묵적 패턴을 학습하고, 이후 그 결과를 바탕으로 명시적인 규칙이나 논리를 구축하는 방식이다. 이는 마치 학생이 기초 개념을 먼저 이해한 후, 이를 바탕으로 심화 문제를 풀면서 자신만의 공식이나 규칙을 만들어내는 과정과 같다.

혼합 학습 전략을 통해, AI는 두 가지 접근법의 장점을 동시에 취하면서도 단점을 보완할 수 있으며, 결과적으로 더 높은 정확도와 설명 가능성을 갖춘 모델로 발전할 수 있다.

다섯 번째로, 인터페이스와 변환 계층의 강화도 중요한 설계 방법이다. 뉴럴 네트워크는 데이터를 숫자와 벡터 형태로 내부에 저장하는 반면, 심볼릭 AI는 이를 사람이 이해할 수 있는 심볼과 규칙으로 변환하여 사용한다. 이 두 영역 간의 원활한 정보 교환은 AI 시스템 전체의 효율성과 투명성에 큰 영향을 미친다. 이를 위해, 뉴럴 네트워크에서 얻은 내재적 표현을 효과적으로 심볼로 전환하는 인터페이스를 구축하고, 이 계층이 데이터를 명확하게 전달할 수 있도록 최적화하는 것이 필요하다. 이는 마치 한 언어에서 다른 언어로 번역할 때, 단어 하나하나의 의미뿐만 아니라 전체 문장의 맥락을 올바르게 전달하는 번역기가 필요한 것과 같다.

여섯 번째로, 지식 그래프와 같은 통합 도구의 활용이 있다. 지식 그래프는 여러 개체와 그 관계를 시각적으로 표현하여, 복잡한 정보를 체계적으로 정리하는 도구이다. 이를 활용하면, AI는 다양한 데이터 소스에서 얻은 정보를 하나의 통합된 구조로 결합하고, 이를 바탕으로 명확한 추론을 수행할 수 있다. 예를 들어, 의료 분야에서 환자의 증상, 검사 결과, 병력 정보 등이 모두 하나의 지식 그래프로 연결되어 있다면, AI는 각 정보 간의 상호 연관성을 쉽게 파악하고, 그 결과를 투명하게 설명할 수 있다. 지식 그래프는 SECI 모델의 결합 과정을 반영하며, 데이터와 규칙의 균형을 맞추는 데 매우 효과적인 도구이다.

마지막으로, 비즈니스 적용 측면에서의 윤리적 고려와 투명성 보장도 매우 중요하다. 기업이 AI 시스템을 도입할 때, 단순히 높은 예측 정확도만을 추구하는 것이 아니라, 그 결과의 근거와 추론 과정을 명확히 공개함으로써 사용자와 고객, 그리고 사회 전체의 신뢰를 얻어야 한다. 이는 마치 한 기업이 제품의 품질과 함께 그 제품이 어떻게 만들어졌는지, 어떤 공정을 거쳤는지를 투명하게 공개함으로써 소비자의 신뢰를 얻는 것과 같다. 데이터 수집부터 모델 학습, 결과 도출에 이르는 모든 단계에서 윤리적 기준을 엄격히 적용해야 한다. 윤리적 AI 설계와 편향 최소화를 위한 지속적인 모니터링 시스템, 그리고 사용자 피드백을 반영한 동적 개선 체계는, 비즈니스에서 AI가 신뢰받는 기술로 자리매김하는 데 필수적이다.

우리는 편향 문제를 해결하기 위해 데이터 전처리와 증강, 다중 전문가 협업, 동적 피드백 시스템, 혼합 학습 전략, 인터페이스와 변환 계층 강화, 지식 그래프의 활용, 그리고 윤리적 관리와 같은 다양한 설계 방법들이 필요하다는 점을 강조하였다. 이러한 방법들을 통해 AI는 데이터를 통해 축적한 암묵적인 지식을 명확한 규칙과 논리로 전환하고, 그 결과를 투명하게 설명할 수 있게 된다. 이는 인간이 다양한 경험과 상호작용을 통해 지식을 창출하는 SECI 모델과 유사한 원리로, AI가 AGI로 발전하는 데 필수적인 요소이다.

오늘날 인공지능 기술은 빠르게 발전하고 있으며, 그 발전 속도는 우리의 상상을 초월할 정도이다. 그러나 AGI, 즉 범용 인공지능에 도달하기 위해서는 단순히 데이터를 처리하는 것 이상의, 인간처럼 사고하고 창의적으로 문제를 해결할 수 있는 능력이 필요하다. 뉴로심볼릭 AI는 이러한 목표를 달성하기 위한 중요한 열쇠로 작용할 것이다. 데이터 기반의 패턴 인식과 가설 기반의 심볼릭 추론, 그리고 이 둘의 융합은 마치 SECI 모델에서 암묵지와 형식지가 서로 전환되며 새로운 지식을 창출하는 것과 같은 원리로, AI의 지속적인 발전과 자가 개선을 가능하게 한다.

앞으로의 연구와 개발이 진전됨에 따라, 뉴로심볼릭 AI는 다양한 산업 분야에서 그 활용도가 크게 증가할 것으로 예상된다. 의료, 금융, 법률, 교육 등에서 AI가 단순한 도구가 아니라, 인간의 의사결정을 돕고, 스스로 문제를 해결하며, 그 과정의 모든 단계를 명확하게 설명할 수 있는 진정한 동반자로 자리매김할 날이 머지않아 올 것이다. 이러한 미래는 단순한 기술 혁신을 넘어, 인간과 AI가 함께 성장하고 발전하는 새로운 사회적 패러다임을 만들어갈 것이다.

뉴로심볼릭 AI
인공지능과 인간지능의 황금 균형

초판 인쇄	2025년 7월 15일
초판 발행	2025년 7월 30일
지은이	강양석 우지환 조호연
책임편집	김승욱
디자인	조아름
마케팅	김도윤
브랜딩	함유지 박민재 이송이 박다솔 조다현 김하연 이준희
제작	강신은 김동욱 이순호
발행인	김승욱
펴낸곳	이콘출판(주)
출판등록	2003년 3월 12일 제406-2003-059호
주소	10881 경기도 파주시 회동길 455-3
전자우편	book@econbook.com
전화	031-8071-8677(편집부) 031-8071-8681(마케팅부)
팩스	031-8071-8672
ISBN	979-11-89318-71-0 03320